我与学生共成长

王丽娜 著

江西教育出版社
JIANGXI EDUCATION PUBLISHING HOUSE
· 南昌 ·

赣版权登字-02-2024-170

图书在版编目（CIP）数据

我与学生共成长 / 王丽娜著. -- 南昌：江西教育
出版社，2024.4
ISBN 978-7-5705-4273-4

Ⅰ.①我… Ⅱ.①王… Ⅲ.①班主任工作 Ⅳ.
①G451.6

中国国家版本馆CIP数据核字（2024）第062464号

我与学生共成长
WO YU XUESHENG GONG CHENGZHANG

王丽娜　著

江西教育出版社出版
（南昌市学府大道299号　邮编：330038）

出品人：熊　炽
责任编辑：苏晓丽
美术编辑：张　延

各地新华书店经销
江西省和平印务有限公司印刷
880毫米×1230毫米　32开本　10印张　173千字
2024年4月第1版　2024年4月第1次印刷

ISBN 978-7-5705-4273-4
定价：48.00元

赣教版图书如有印装质量问题，请向我社调换　电话：0791-86710427
总编室电话：0791-86705643　　编辑部电话：0791-86708350
投稿邮箱：JXJYCBS@163.com　　网址：http://www.jxeph.com

序 一

从 2018 年起，我的教育生活大多在围着一个调调转，那就是为不甘平庸、渴望蜕变的一线老师点燃一盏指引航向的灯，陪伴并助力其成长。在这段漫长的"追寻"之旅中，有的人兴冲冲地站到了起跑线上，却败给了"坚持"二字；有的人深谙"见好就收"的道理，发展到一定程度后便选择了止步不前……

然而，在铁打的"雪梅读写团队"流水的兵中，丽娜持续学习、不懈研究的姿态如淙淙不歇的溪流，让我感受到了追寻不止、成长始终"在线"的昂扬状态。

初识丽娜，是在 2019 年举行的威海市第三期"四名工程"名班主任培训见面会上。那时，她是威海"名班主任人选"，我是威海市"名班主任人选"的成长导师。几十人中，我之所以一下子就注意到丽娜，一是因为她分外年轻。一个能够走到地市级名师、名班主任高度的老师，大多都有一定的教育阅历和成果积淀，这种丰盈的呈现需要时光的历练，但丽娜身上却有一份涉世未深的澄澈，有着令人赏心悦目的纯净。二是因为她的谦逊与沉静。她从骨子里散发出来的低调与安然，于人群中很难不引人注意。

2022年夏天，威海市"名班主任人选"丽娜又一次站在我的面前。这一次，我们因为彼此的双重关系而倍感亲切——她是参加名班主任届终考核答辩的人，我是现场的评委；她是雪梅班主任工作室中优秀的成长者，我是她的雪梅老师。答辩现场的她落落大方，思路清晰，她那发表了几十篇文章的成果更是惊艳了全场。她是一个名副其实的威海名班主任了！

丽娜的《我与学生共成长》这本书，是她从教十多年的智慧结晶。全书共分四大部分。第一部分的教育故事呈现的是一个班主任对教育寻常事件细腻的关注和思考，带有师者的温度。第二部分展现的是班级活动。当每一个活动的设计都用了心，指向了成长，那么这些活动便具有了灵动的育人智慧。第三部分是班级管理编。其中的丽娜已经不是一个简单的管理者，她的思考、她的行动都具有建设性的指向——既用自己的智慧规划班级发展，也在这个建设工程中汲取着提升自身专业智慧的能量。第四部分是一个班主任寻常教育生活的展现，但恰是这份寻常，让我们得以了解丽娜虽年轻却丰富、看似顺畅却又不乏曲折的成长历程。我认为，这部分是整本书稿的根基，也是丽娜与学生不断成长的根基。

书，应该留给有心的人去读、去品、去悟。对丽娜这个人，我想用更多的笔墨去描摹，尤其是她身上那份独有的特质——缜密的思维和超强的行动力！梳理成果并出版专著这样的建议，我对很多人说过，但不是每个人都能果断地付诸行动。毕竟，一本书稿的形成是一件极其耗费心力的事，可是丽娜做到了。

撬动教师成长的密码是什么呢？在丽娜身上我们不难发现，成长路上充满波折与机遇，工作繁杂的一线教师更需要坚定的方向、持续的努力、善研的精神以及果敢的行动力！撬动学生成长的密码又是什么呢？毫无疑问，那就是班主任自身的先行成长！

杨雪梅

2023 年 11 月 25 日

序 二

　　对一个生活精致的人，我们常常称赞他把日子过得"很有仪式感"——精心准备一顿晚餐，用几个小时挑选一件礼物或者布置一个场景。我不是一个精致的人，但很羡慕精致的生活，也一直走在追求精致的道路上。与物质生活的精致相比，我更追求精神生活的精致，故而更加注重精神上的仪式感。

　　2012年8月17日是我作为新教师到威海市环翠区教育局报到，等待岗位分配的日子，到现在已经过去十多年了。拿什么礼物献给十余年的职业生涯呢？我想，最好的礼物莫过于这十多年的成长和进步。在这十多年，我又有什么成长和进步呢？其实，最让我引以为豪的莫过于"威海市名班主任"的荣誉称号了吧！这张沉甸甸的荣誉证书来之不易，是经过了威海市"四名工程"多轮严格的筛选、精细化全方位的考核、三年的精心培养，才结出的圆满硕果。这张荣誉证书连同这本书，就是我送给自己职业生涯第一个十年的礼物。

这本书中的教育故事均来自我从教十余年的亲身经历。这些故事中有很多是成功的案例，有着"大圆满"的结局，而有些故事中的问题至今仍然未解决。我想，不论圆满与否，这些故事都是我和学生之间最难忘的回忆。在叙写它们的过程中，这份情感也得到了提纯；在经历了时间的磨洗之后，我们都成了彼此生命中重要的人。这些案例都有一定的探讨和研究价值，希望能给初入教坛的青年教师、青年班主任一点儿启发和思考。"我是我和我的经历的总和"，没有两个人的成长经历是完全相同的，所以没有哪个案例是可以照搬照抄地应用到自己的班级管理和家校沟通中的，工作总要因人而异，因地制宜。

　　在叙写的过程中，我深切地感受到一种研究的快乐。当班主任、管理班级、与学生和家长打交道不再是学校委派的"苦差事"，而是我掌握第一手研究案例的来源。带着这样的心态和眼光，再恼人的孩子也能成为伴我成长的伙伴，工作也成了一种乐趣，班主任工作越来越让我难以割舍。

　　能够将这些经验梳理总结出来，与读者见面，我要特别感谢"雪梅读写团队"的兄弟姐妹们，尤其是领头雁杨雪梅老师。正是杨老师的鼓励和指导，让我有了坚持的勇气和前行的动力；正是团队的扶持，兄弟姐妹们一步一个脚印的并肩同行，才让这些文字经抛光打磨而圆润光滑。我还要衷心感谢威海市"四名工程"的培养，在市教育局的支持下，温勇主任带领第三期"名班主任人选"参加了多场别开生面的学习和培训，名师的讲解开拓了我的教育视野，专家的引领提升了我的理论高度，名校的示范让我见识了前沿的教育气象……入选威海市第三期"名班主任"是我教育生涯的一次完美蜕变。

见识了教育天地的广阔，更要立足脚下的土地，用自己的所学为乡村的孩子打开教育的一扇窗，为乡村的家长带去科学的教育指导，对此，我深感任重而道远。唯有继续努力，方能不负家长的嘱托，更好地担起教师的责任。

我希望用这样的仪式为自己的教育时光打上一个结。收拾行囊，整装待发，迈进教育生涯的下一个十年，期待着沿途更美妙的风景。

下一个十年，我来了！

王丽娜

2024 年 3 月于山东威海

第一章　在故事中，发现成长密码

第二章　在活动中，创设育人契机

第三章　在管理中，积蓄发展智慧

第四章 在生活中，升华教育感悟

第一章

在故事中，
发现成长密码

在期待中
实现梦想

中考的脚步近了，我分批召开了家长会。一天，我和几个孩子在教室里等待着家长的到来。忽然，小博神色慌张地跑过来告诉我："老师，绍康吐了，您快去看看吧。"

我飞奔到洗手间，只见高高瘦瘦的绍康捂着肚子，额头上沁出了汗珠。我刚要开口问他，可他又吐了起来。我立即拨通了家长的电话，并在班长和小博的协助下，及时送绍康进了医院。家长会后，我急切地向绍康妈妈了解孩子的情况，得知孩子是急性胃穿孔，需要住院治疗，医生说最少也得两个月才能康复。绍康爸爸身在外地，绍康妈妈该有多么焦急无助！

第二天一早，我便赶到医院看望孩子，希望能够提供一些力所能及的帮助。得知一切处理妥当，绍康的手术很成功，其他家人能过来帮忙，我才放下心来。看着病床上虚弱的绍康，想到他平时的认真懂事、礼貌谦虚，我打心底里心疼他。我不能够替绍康承受病痛，安慰的语言也显得有些苍白，但我还是想安慰安慰他，宽慰宽慰绍康妈妈。

好在绍康的体质不错，恢复得很快。5月中旬，绍康就顺利地回到了九（7）班的怀抱，回到了我们身边。除了在课间提醒他多出去走动有助于康复之外，我更多的是向他投去信任的目光。"绍康，你没问题的！虽然耽误了一段时间，但最后阶段都是复习以前学过的知识，咱们底子好，一定能跟上，要对自己有信心。"他咧着嘴笑着，但我能看出他眼神中的焦虑。

为了帮绍康建立起信心，我和其他任课老师达成一致：大家一定要多鼓励绍康，多表达对他的信任与期待，相信他会赶上来的。

于是，教数学的刘老师每节课前加油鼓励，教物理的隋老师在课堂上幽默机智地引导，教化学的谭老师温柔耐心地指导，教政治的徐老师热情关切地问候，教体育的谷老师帮他模拟练习……我们的信任和期待织成了一条爱的围巾，温暖着绍康，也温暖着九（7）班的每一个孩子。

我们关注着绍康每一次小测试的成绩，及时纠偏，及时辅导。绍康像一只离群的孤雁，乘着气流，一点点地跟上了队伍，并最终成功拿到了重点高中的录取通知书。毕业典礼上，绍康自信的笑容让我印象深刻。我知道，他一定会带着这份自信拥抱美好的高中生活。

罗森塔尔效应（也叫期待效应）告诉我：教师对学生的殷

切期望，会有意无意地通过态度、表情、行为等方式传递给学生，学生也会给予教师积极的反馈。这种反馈会激起教师更大的热情，如此循环往复，教师的期望便很可能会实现。懂得了这个效应，我便将它运用在班主任工作中。当我对学生的表现不满意时，我会努力克制自己，不让自己强调孩子的缺点，而是真诚地告诉他老师对他的期望，激发他的内在动力。

在每学期开学第一节班会课上，我都会围绕"目标明确，未来可期"这一主题，和孩子们一起描绘他们的人生蓝图。我希望，在我的期待中，我们乡镇中学的孩子们能够向上而生，向美而生。我也相信，期待效应一定会让我的一个又一个梦想成为现实。

牵着你的手
奔向阳光

　　初中一年级的孩子正处于活泼好动的年龄，课间，教室里总少不了叽叽喳喳的吵闹声。瑶瑶却总是一个人在座位上无精打采地啃着手指甲，原本干净利落的短发长长了，盖住了侧脸。几天下来，我发现瑶瑶和同学的交流很少。迷惑不解的我只能从她的入学档案中寻找答案。档案中除了家中有三个兄弟姐妹这一点比较特殊之外，其他情况和班里的大多数孩子差不多：父亲是个体户，母亲务农。瑶瑶如此封闭自己，一定另有原因。我急切地想要拨开眼前的迷雾。

一

　　有一天早晨，瑶瑶忘记了带课本，她走到我身边，用近乎祈求的眼神看着我，小心翼翼地拜托我给她爸爸打个电话，还特意强调让她爸爸把书送来。见到瑶瑶的爸爸，我的心里一揪。家长穿了一件白色的衬衣，可是衬衣的领口、袖口满是厚厚的污渍，一个扣子不见了踪影，右边的袖口还有一个磨破的小洞，很是扎眼。衬衫很宽大，明显不够合身。"即便没精力打理自己，但是也不至于如此吧。估计是正在干活，听到孩子忘带课本，就急匆匆来了。"我想着。孩子的爸爸朝我憨厚地笑笑，把书递给我，说了句"麻烦老师了"，就骑上自行车匆忙离开了。

我回到教室想把书给瑶瑶，喧闹的课间，她还是一如既往安静地坐着。我示意她出来，瑶瑶的脸立马红到了耳根。大概是知道我见到了她爸爸，觉得没面子？或者是因为以前极少和老师单独相处？从瑶瑶躲闪的眼神中我看出了她深深的自卑。为了让她放松一点儿，我远远地就朝她露出微笑。孩子有些拘谨，不敢正视我的眼睛，但仍然挤出一句微弱的"谢谢老师"。"晚上睡觉之前把作业、书本整理好装在书包里，把书包放在床头，这样就不会落下东西了。"我叮嘱道。瑶瑶点点头，拿着书回到了教室。该如何帮助这个可怜的小姑娘呢？我思忖着。

二

开学第三周，按照班本课程，学生们这个周末要写一篇练笔作文——《我的老师》。以往每一届学生的这篇作文都会使任课教师群热闹一番，孩子们细心的观察、直言不讳的表达会让老师们回味好几天。

瑶瑶的练笔作文写得干净整齐，写了满满两大页，比她前段时间的作业优秀多了，这令我喜出望外。细看瑶瑶的作文，只见她写道："我站在操场上，等待着班主任念我们的名字，给我们分班。我看见主席台上站着一位女老师，她穿着一条白色的连衣裙、一双粉红色的高跟鞋，表情严肃，但我还是能看得出她嘴角隐藏的笑意和温柔。我多么想被分到她的班里啊。她拿起话筒开始喊大家的名字了，声音很好听。看着一个个同学出列，我心里羡慕极了。'一定要念到我，一定要念到我……'我在心里祈祷着。当听到自己名字的时候，我高兴得不得了，想一下子飞到她身边……"

　　孩子对我发自内心的喜爱，是我始料未及的。心理学的顺从性告诉我们：我们喜欢那些与自己相似的人，不管是观点上、个性上、背景上还是生活方式上的相似，都会使我们对对方产生好感。瑶瑶第一面就对我有好感，极有可能是因为我的外表，她即便看起来不注重外表，但骨子里肯定还是喜欢干净、利索、温柔的样子。她对我的好感会让她更容易顺从我的意愿，按照我希望的方向走下去。想到这里，我对改变瑶瑶充满了信心。

　　我在作文后面给她留下评语："谢谢你对老师的喜爱，老师也很喜欢你，你能遵守纪律，尊敬老师，做好自己的事情。但是老师还喜欢爱笑、自信的孩子，希望以后能经常看到你的笑容。"就这样，我们有了第一次坦诚的书面交流。讲评课上，

第一章＼在故事中，发现成长密码

我郑重地表扬了几个孩子，瑶瑶也在表扬之列。我想，一向少言寡语的她一定不习惯老师单独的表扬，要培养她的自信，还是要一步一步地慢慢来。让我欣喜的是，这节课瑶瑶的眼睛一直正视着我。她用自己的努力赢得了老师的关注，这样的表扬她受之无愧，所以她可以心安理得地享受这份关注。倘若瑶瑶能将每一件事都做到这样让人满意的程度，那么她就能每天都信心满满地与这个世界对视了，不是吗？

三

家长会即将举行，瑶瑶的爸爸特意打电话告诉我，他这次不能来参加，只能让孩子的妈妈来。其实，哪位家长来都可以，瑶瑶爸爸为何多此一举，亲自打电话告诉我呢？其中一定有什么缘由。

家长会期间我一直关注着瑶瑶的妈妈，她和瑶瑶平时的状态类似，我在讲台上面讲了半小时，瑶瑶妈妈一直低着头，不言不语。个别交流的环节，我走到瑶瑶所在的小组，与家长们近距离接触，这才发现瑶瑶妈妈的异样。除了低着头发出"嗯嗯""好"这样简单的应答之外，瑶瑶妈妈自始至终没有说过一句话，那恐慌、焦灼、坐立不安的眼神不应是那个年龄的人该有的表现。我这才恍然大悟，三个孩子有一个这样特殊的母亲，难怪孩子爸爸的衣服没那么干净，难怪瑶瑶虽然有一颗爱美的心但头发有时没那么整洁，甚至散发着怪味。可能在家中，这个当大姐姐的瑶瑶在某些方面还要照顾妈妈吧！怜悯从我的内心升腾出来，我深切地意识到：妈妈是这样的精神状态，爸爸要养家糊口，从家长方面着手改变瑶瑶几乎不可能，瑶瑶只能靠自己，只能由我来牵着她的手，带她一点点走向那洒满阳光的地带。

四

中秋节如期而至，天气慢慢转凉。放假前，我给班里的每个女生都准备了一根漂亮的头绳，并且告诉她们，放假回来时一定要扎着这根头绳来和王老师见面，王老师希望看到大家精神十足的样子！孩子们拿着头绳左瞧右看，收到老师送的这样别致的小礼物，大家感到很新奇，爱不释手。瑶瑶也将头绳戴在手腕上晃来晃去，露出欢喜的笑容。

其实，我的用意很简单，瑶瑶的头发长了，扎起来更利索，就不用经常去理发店剪，还能省去一笔开支。如果单独送头绳给瑶瑶，她一定会被这突如其来的关心震撼，细心的她一定能感受到老师关心背后的那份怜悯，这会刺痛她敏感的神经。就像把一个长期用黑暗包裹自己的人一下子挪到舞台上的聚光灯下，这不仅不能让他优雅地表演，还很可能会让他掉头就走。如果那样，瑶瑶和我的距离只会越来越远。考虑再三，我才采用了这样的"曲线"方案。假期里，我一直在想瑶瑶会不会拿起头绳照照镜子，会不会好好地洗洗头发并学着把头发扎起来呢？还是把头绳弃之一旁，全然忘却了呢？我憧憬着、期待着，同时也担心着、忧虑着。我把瑶瑶对我的那点儿好感当作赌注，希望她能改变自己。

假期结束后的第一天早晨，我早早地来到教室，看到瑶瑶扎着小马尾从晨曦中走来，我激动不已，甚至有一些感动。我知道孩子在意我的话，并且正在一点点地改变。我凑到她的耳朵旁告诉她："你今天清清爽爽的样子精神十足，是老师喜欢看到的模样。"瑶瑶的小脸一红，露出羞涩的笑。此后的每一天，我都看到瑶瑶洁净的脸庞。

后来，我又在每个小组中设置了卫生组长一职，借着培训卫生组长的契机，我告诉了瑶瑶很多打扫卫生的诀窍。我希望这些技能也能帮助她更好地照顾弟弟妹妹，更好地帮助家庭走向整洁。这个聪明的孩子，身上的怪味渐渐没有了，变得越来越干净。整洁和有序在给小组带来荣誉的同时，也给她带来了变化。课下，我还看到她走下座位，提醒组员捡起地上的纸片，维护小组的卫生。

虽然瑶瑶距离自信可能还有一定的距离，但我相信，我已经牵着她的手领略过了不一样的风景。终有一天，我们会手牵手走到阳光下，尽情地奔跑，尽情地享受温暖。

听听
　　小乌龟的心声

　　五月的春风荡漾在风景如画的校园，毕业班的学生却没有时间为这美景驻足。他们被关在教室里，被催促着为中考备战。

　　小馨置身这种紧张的氛围中，显然有些坐不住。下课铃声已响，我还想要把剩下的两个选择题讲完。小馨走到我面前悄悄地说："老师，我能不能去个洗手间？"争分夺秒的我没有停下嘴里的话，只把眼神在她身上停留了两秒，透露出我的不满，然后微微点头示意她："赶紧去吧，快去快回。"小馨学习成绩欠佳，平时娇生惯养，吃不了一丁点儿苦，心思都花在穿衣打扮上，上课时动不动要去洗手间，是不是有什么其他的想法？想到这里，我不禁提高了警惕。

　　一天晚自习，我开完会想去班上看看。这节是政治课，因为政治在中考中只以等级评价的形式呈现，所以学生普遍不太重视，不过我想看看课堂上孩子们的学习状态。我还没走到教室，远远地就看见一个身影从教室里闪出来，是小馨！"马上就要放学了，不能等到下课再去洗手间吗？"我不满地想着。见小馨双手插在外套的兜里，不紧不慢地走过长长的走廊，沉浸在自己的世界里，头也没回。我的疑心又起。"跟着小馨去洗手间看看吧，如果真的带了手机我就能把她抓个正着。"我为自己的想法得意着。听见她关上了洗手间的门，我赶紧躲在洗手间外面的拐角处，打扫洗手间的保洁阿姨正在忙碌着。不一会儿，听见有人出去，我才闪到走廊里，可小馨手里什么都没拿。我还是不太放心。我进到洗手间里，悄悄地问保洁阿姨："阿姨，刚才那个小姑娘有没有带手机？她是真的上洗手间了，还是只是来溜达了一圈儿？"保洁阿姨理解我的担忧和怀疑，坦诚地告诉我说："老师，她上完洗手间就走了。这个孩子我有印象，长得漂亮，还挺有礼貌的，经常跟我打招呼。我常在这个楼层见到她。"

听了保洁阿姨的话，我无比惭愧，脸一下子红到了耳根。班主任应该是最了解自己班孩子的，可是我却以学习成绩为依据去判定一个孩子其他方面的表现。有时候，我凭经验主观臆断一个孩子的行为，并认为自己是对的，甚至为了证明自己"有经验"，迫切地期待着证实自己是正确的……这一次，我顾不上为小馨遵守纪律而高兴，而是陷入深刻的自我反省中。这也让我想起了曾经读过的一个故事。

作家格洛丽亚·斯泰纳姆在学生时代的一次地理考察中，在蜿蜒的河畔发现了一只巨大的乌龟，它趴在一段路的护堤上。显然，它从河里爬出来，经过一段土路才到了现在这个地方。它还在继续前进，但它根本不知道，在这条路上爬行随时有被汽车轧死的危险。斯泰纳姆觉得应该帮助这只乌龟，于是她走上前，连拉带拽，最后总算把这只大乌龟从护堤上带回岸边。当斯泰纳姆要把乌龟推回河里时，一位地理学教授走了过来，并告诉她："你要知道，为了在路边的泥里产卵，那只乌龟可能花了很长一段时间才爬上公路，结果你又要把它推回河里……"听了教授的话，斯泰纳姆懊恼极了。

小馨和斯泰纳姆的故事，反映出我在班级管理中时常会犯的错误——主观臆断。当一个孩子迟到了，我想当然地认为是他习惯不好，对学习不够重视，却不曾想过他有可能正带病坚持上学或者家里有什么特殊的情况；当一个调皮的孩子与班里其他同学发生矛盾，我会根据他以往的表现当即冰冷地判定问题出在这个调皮的孩子身上，很可能冤枉了孩子，寒了孩子的心，甚至把他推向了班主任的对立面，推到了班级的边缘；当一个孩子手里拿着糖果袋，我想当然地认为孩子在吃零食，却忽略了这可能是他刚刚弯腰捡起的垃圾……这些主观臆断，对孩子们来说无异于不分青红皂白地将"坏孩子"的标签贴到了他们身上。孩子们对老师最基本的信任和崇敬就在这样简单粗暴的主观臆断中被磨灭了。

在面红耳赤的同时，我提醒自己，千万不要再犯主观臆断的错误！千万不要像斯泰纳姆那样，在对小乌龟的行为做出判断时，尤其是在要做出事关小乌龟命运的决断时，忘记了先听听小乌龟的心声。

用故事
催生自我改变的力量

作家严文井是这样描述寓言故事的："寓言是一个怪物，当它朝你走过来的时候，分明是一个故事，生动活泼；而当它转身要走开的时候，却突然变成了一个哲理，严肃认真。"是啊，教师如果将教育意图直接反复地跟学生强调，往往就变成了说教，不但不会收到良好的教育效果，还可能引起学生的反感。如果将教育意图以讲故事的方式娓娓道出，待我们转身离开后，学生在细细品味中深思，往往能催生强大的自我改变的力量。

用故事代替说教，引发思考

初中一年级的小楠，父母离异后被判给了父亲。父亲外出打工了，小楠便长期和奶奶生活在一起。小楠的校服总是脏兮兮的，头发长了也不去理发，学习习惯也很差，常常不能按时完成作业。一次偶然的机会，我甚至发现小楠和校外的不良青年有来往。我知道小楠正游走在危险的边缘，如果不加以干预，他的人生走向可能就此改变。

我曾悄悄地往小楠的衣兜里塞钱，叮嘱他去理发店剪剪头发，去浴室洗个澡。可是第二天，钱花光了，小楠的样子却一点儿也没变。出于保护孩子自尊的考虑，我本不希望别人知道我给他钱的事，可是不知什么原因，第二天全班都知道他用我给他的钱买了零食。无奈之下，我只得陪他去理发店理发，并打电话提醒孩子的奶奶多注意孩子的个人卫生。我想用关怀改变他，帮他树立起信心。可是，除了满满的挫败感和无力感，我什么也没得到。

一天班会课上，我一改往日的严肃，坐下来和孩子们聊起了天。我给学生们讲了两个真实的故事，主角是我读高中时班里的两个同学。他们的家庭情况和小楠类似，其中一个同学在妈妈的感召下浪子回头，现在已经成为一名优秀的警察，而另外一个同学高中毕业后放弃了学业，在一次替"朋友"出头的打架事件中受伤，落下了终身残疾。我让孩子们讨论：在生活环境相似的情况下，造成他们人生巨大差距的原因是什么？如果后者能够结交一些正直善良的朋友，他的人生又会是什么样子的？

孩子们激烈地讨论着别人的故事，小楠也在其中，和小组其他同学交流着，既为后者哀叹、惋惜，也为前者欢欣鼓舞。

班会课结束时，我总结说："悲剧是我们都不愿意看到的，但是人生不能重来。试想，有没有一种可能：有人给那个可怜的同学指出了错误，他却没有及时改正呢？不识庐山真面目，只缘身在此山中啊。老师希望今天的讨论能够给大家带来一点儿启发。"我注意到，小楠若有所思地低下了头。

后来，因为工作调整，我的目光没能再紧紧地围绕着小楠。但是每次在校园里遇到小楠，他都会由衷地对我微笑，他的校服也比以前干净多了。

著名教育家苏霍姆林斯基说过："教育者的教育意图越是隐蔽，就越是能为教育的对象所接受，就越能转化成教育对象自己的内心要求。"我想，小楠一定听懂了那个我特意为他讲的故事。

用故事寄托期待，激发潜力

小祥是我教了 4 年的孩子，他的妈妈曾是一名幼儿园老师，爸爸没有固定工作，整日游手好闲。在妈妈的督促下，小祥读了很多课外书，学习比较努力，成绩在班上处于上游，但总是缺少一股拼劲，没有将自己的潜力充分挖掘出来。后来，小祥的妈妈患了重病，过了两年多就去世了。那时，距离中考不到 3 个月，小祥的成绩极不稳定，任课老师都看在眼里急在心里。我们都希望小祥能靠自己的努力考上高中。但是，面对刚刚失去母亲的孩子，老师们既不敢过度责备也不敢忽视放任，该如何把握尺度呢？

经过长时间的计划和思考，我把小祥邀请到"温馨小屋"，给他一个舒适的环境，替他把负面情绪排解开。后来，每次他学习退步时，我都会把他叫到"温馨小屋"畅聊一番。我给他讲自己家庭中的故事，希望他学会正确看待大人间的矛盾和问题；我给他讲我的同学本科毕业后工作两年积攒学费，留学新加坡后定居上海的故事，希望他看到努力的力量。

小祥没有辜负我的期望，顺利考入了重点高中。升入高中后，每次考完试，小祥都会主动打电话向我汇报成绩。听说今年高二的他稳居年级前三名。我知道，小祥已经不再是那个不懂事的孩子了，他已经铆足了劲儿，全力奔跑在属于自己的人生之路上。我相信，在未来的日子里，他一定会朝着幸福的方向继续奔跑下去。

使卵石臻于完美的，不是锤的打击，而是水的且歌且舞。教师就应当是那且歌且舞磨砺卵石的水，促使人发现自我、成就自我。

严文井还说："寓言是一个魔袋，袋子很小，却能从里面取出很多东西来，甚至能取出比袋子大得多的东西。"作为老师，我们不妨试试用故事编织音符，为学生的成长谱写华美的乐章。

唱好三部曲，
做心弦的调音师

绘本《难过的弗洛格》的主人公是一只名叫弗洛格的青蛙。一天早晨起床后，弗洛格感觉有点儿难过，莫名其妙地很想哭，但是它不知道自己为什么难过，也哭不出来。它的好朋友小熊过来安慰它，可是毫无效果。小老鼠在排除了弗洛格生病的原因之后，用跳舞、倒立、模仿小丑等诸多方式去逗弗洛格开心，可弗洛格仍然一点儿笑容也没有。最后，小老鼠拉起了一支好听的曲子，弗洛格在音乐声中放声大哭。情绪得到宣泄之后，弗洛格和朋友们开怀大笑，还跳起舞来，再也不难过了。

负面情绪来无影，去无踪，却使弗洛格一天都闷闷不乐，对弗洛格产生了极大的负面影响。我们的情绪何尝不是如此呢？有时候我们自己都无法觉察负面情绪究竟因何而起，但如果不能顺利地将它排解掉，它就有可能造成严重的后果。处于青春期的学生尤其如此，常常面对情绪的困扰和挑战，出现叛逆、学习成绩下降等问题。帮助学生觉察情绪，教学生处理负面情绪的方法，做好学生心弦的调音师，是每个班主任的责任。

觉察情绪——管理情绪的前提

一个人成熟的标志之一是能够清晰地把自己的情绪和别人的情绪剥离开，尤其是和爱自己的父母。青春期的孩子正处于人生的第二次分离——心理分离期，在分离完成之前，孩子的情绪受父母的影响很大，意识到这一点往往能找到负面情绪产生的原因。

琳性格文静内向，入学成绩处于班级中上游。经过几周的接触，我发现琳的课堂表现和作业情况都和入学成绩很不相符。我几次找琳沟通，试图寻找原因，但琳的话匣子始终没有打开。期中检测，琳的成绩一落千丈，她产生了不想上学的念头，把自己锁在房间里，拒绝和父母沟通。这时，学校的学生资助工作布置下来，琳的妈妈提出了申请，我和琳的妈妈进行了一次深入的交谈。原来，琳的爸爸在半年前查出患有癌症，医生预计即使接受治疗恐怕也只剩下不到两年的时间。琳的妈妈瞒着孩子和老人，一个人拼命加班挣钱，承受着巨大的精神压力和经济负担。

面对孩子的叛逆，琳的妈妈悲愤交集，琳则表现出一副就是不想上学的倔强神态，即使妈妈将爸爸的病情如实相告也没能改变琳的态度。于是，我与琳的妈妈单独沟通，问她这两天孩子在家休息时是不是也这么麻木，没有表情。她说琳除了发过脾气，没什么其他表现了，甚至没有哭过。我更加确信了自己的想法，对琳的妈妈说："孩子并不是你想象的那般铁石心肠，其实她正是因为放心不下你，不想让你一个人面对，才用这样的行为表达出来，帮她把情绪排解开就好了。"跟琳的妈妈商量好对策后，我把琳叫出来，告诉她必须正常上学，不会再给她休学或者请假的机会，并要求她立即回到教室上课，而琳的妈妈则立刻离开学校，不拖延片刻。看着我决然的态度，看着妈妈转身离去，琳紧跟了几步想要追上妈妈，却被妈妈一把推开。完全暴露在与母亲分离场景中的琳终于大哭了起来。

其实，琳的性格并非特别内向，她只是情绪低落。她早就觉察到家里的异样，却没有勇气去找妈妈证实。学校里刚分了班，她也没有特别要好的朋友可以倾诉，所以琳的情绪就这么一直压抑着，找不到排解的出口。她和妈妈之间的情绪连结一直存在，没有剥离开。我和家长如果能够早一点儿觉察到孩子情绪曲调的变化，早一点儿调弦校音，就不用走这么多的弯路，贻误最佳的教育时机了。

疏通情绪——管理情绪的方法

看着琳满脸泪痕，琳的妈妈也忍不住掩面而泣，我也为之动容，不禁潸然泪下。我提出让妈妈抱抱孩子，琳在妈妈的怀抱中，闭上眼睛抽泣着，过了一会儿，抽泣声渐渐平息。我给琳擦着眼泪，说："老师知道你不放心妈妈，放心不下爸爸，老师知道你也想好好努力，压力特别大……"听到我打心底里理解她，琳的泪珠扑簌簌地滚落下来。"孩子，遇到问题要学会求助，老师和爸爸妈妈一样，永远都在你身边陪伴你，帮助你……"琳使劲地点了点头。经过这件事，疏通好情绪的琳又重新回到了我们班。

疏通情绪的方法有很多，让情绪随着眼泪从体内宣泄出来是较好的疏通方法。大脑中与情绪关系最紧密的区域是杏仁核，孩子年纪小的时候，杏仁核的反应比较强烈，随着年龄的增长，杏仁核的反应会越来越平淡。大脑前额叶主管控制情绪，但是发育比较缓慢。脑部发育的快慢不同，决定了不同年龄的人的情绪表现不同。青春期孩子的前额叶还没有完全发育成熟，疏通情绪的能力还不强，需要老师的指导和帮助。疏通情绪这一过程是其他任何人都无法代替的，我们能做的就是理解孩子的情绪并为孩子创造疏通的条件，教会孩子疏通情绪的方法，与孩子一起协奏情绪成长的乐章。

关注情绪——维护情绪的生态

像琳一样不能控制自己情绪的孩子，我想班级中一定还有很多。于是，我将故事《难过的弗洛格》读给孩子们听，让他们体会故事的寓意。面对人际交往不足等前所未有的挑战，孩子们产生了很多负面情绪。有些家长只关心孩子的温饱冷暖，只关注学习效果和学习成绩，却忽视了孩子内在的情绪需求，忽略了孩子只有调整好自己的情绪才能更好地学习这一关键。于是，我拟写了调查问卷，调查学生在情绪管理方面的疑惑和想要获得的帮助，精心筹备了一节主题班会课，并且每周举办一场情绪管理沙龙，教孩子们管理情绪的方法，帮他们维护情绪生态的平衡和健康。

其实，我们成年人又何尝没有被负面情绪困扰呢？当诸多的教学任务、教研压力和额外的事务性工作让人应接不暇时，有的人能迅速地投入一项项工作任务中，高效地完成任务；有的人却被负面情绪缠住双脚，难以迈开步子，总得先抱怨一番，发一顿牢骚，既浪费了时间又没有任何收获，只是在不停地内耗。生活中也是如此，我们经常无意间就把自己工作中的负面情绪带到了家庭中，发泄到孩子身上，从而引发一场家庭大战。

陷入情绪的旋涡中不能自拔，必将错过太阳又错过月亮。关注情绪、呵护情绪，维护情绪系统的健康是多么重要。希望我们能够做好这三点：觉察并看到情绪，允许孩子、允许自己有情绪，接纳情绪的存在；教会孩子分析、表达、疏通情绪，通过科学的方法完成内在的情绪流通和释放；时常关注自己的情绪状态，及时拂去那些蒙蔽在心灵上的尘埃，维护情绪系统的健康。唱好这三部曲，我们才能做一个合格的心弦调音师。

在"审视"中成长

　　每接手新班级，我都会给学生布置一项练笔作业，主题为"我的老师"。我想通过这样的练笔了解学生对新的任课老师的适应情况，及时发现问题，尽早解决。某一学年初，在批改学生习作时，我捕捉到这样一段文字：

> 　　我背着书包来到新教室，迫不及待地想看看新班主任是谁，一进门，我就惊呆了。我真是太荣幸了，被分到了在毕业典礼上哭得泣不成声的王老师的班里，听说她是个很负责任的老师。高兴之余，我又有一丝难过——以后恐怕没有好日子过了。

　　看着这段文字，我心里一惊，心想：这个学生真不简单，一定是一个很细心的孩子。因为六月份毕业典礼的那天天气非常热，当初四毕业生沉浸在分别的悲伤中，动情地听着老师的临别赠言时，初三学生在太阳的炙烤下表现出难以掩饰的烦躁，德育处老师需要来回巡视以维持秩序。当时他是初三的学生，而他能够清楚地记得我在毕业典礼上哭了这个细节，真不简单。最重要的是，他一定经过一番打听后才知道我是谁，并且了解到我带班的风格。这说明在见到我之前，他已经做足了功课。

想到这里，我心里咯噔一下，立马回顾了一遍这一周的工作，确认自己没有什么不得体的言行，才放下心来。这么细心的一个孩子在我班里，开学以来恐怕他一刻也没闲着，一定在忙着审视我这个新班主任，并且不断地检验学长们对我的评价是否属实。我突然觉得头顶上像架起了一台无形的监视器，暗中观察着我的一言一行。这个孩子提醒我要时刻保持警惕，一不留神，恐怕就有什么细节被他捕捉了去。

与他对我的了解形成鲜明对比的是我对他一无所知，这种巨大的差异使我不自觉地想要多了解了解他。第二天发新书时，我没有指定谁去搬，而是随口问了一句"有没有哪个同学愿意主动为大家服务一下"。一个高大的男生爽快地站了起来，我问了一句"你叫什么名字"，他响亮的回答和这 1.85 米的魁梧身材很是相衬，"哦，原来是他呀"，但与我从习作中看到的细腻心思可能并不符合。不过，可以断定的是，他是一个愿意为班级奉献的热心人，也是希望得到大家关注的孩子。他的名字有点儿拗口，我叫了两次都不能叫得准确无误又亲切自然。于是，我只取了其中一个"潇"字来称呼他。接下来的日子，他在我这个班主任嘴里都只叫"潇"了。潇在后来的一篇文章中写道："感谢老师让我有了全班最独特的一个称呼。"

班级中的活动稳步进行着。一个周五，我收到了一张特别的、被仔细折成心形的纸条，是潇写的。我小心翼翼地打开："周二的语文课，您一进教室表情就不对，眼角挂着重重的心思。我想一定不是我惹您了，但还是小心翼翼地听着课，生怕表现不好再给您添堵。老师，我把您送给我们的话也送给您——希望您每一天都能过得快乐而充实。"

看完潇的纸条，我仔细地回想着周二课前发生了什么，却怎么也记不起来有什么烦心的事情，只是周二中午约见了一位家长，之后上课时可能无意中流露出了一丝焦虑。我很注意自己在课堂上的表现，尽量不把课堂以外的坏情绪带到课堂上，因为坏情绪传播得很快，稍有不慎还会伤及无辜。所以，我一直保持着一个习惯，上课前我都会在办公室的仪容镜前调整自己的状态，踏上讲台的一瞬间我会提醒自己：站上了讲台，就要为学生负责，要把其他的事情统统忘掉，天大的事情也要等到上完课再去解决。潇注意到了我的焦虑，让我很是惊讶，看来什么也逃不过这个小监视器了。他的审视，促使我用更高的标准要求自己。

中国古代对品格修养要求极高的君子讲究"慎独"。《礼记·中庸》有"君子戒慎乎其所不睹，恐惧乎其所不闻。莫见乎隐，莫显乎微。故君子慎其独也"；林则徐在自己的居所悬挂一块醒目的横额，上书"慎独"二字，以警醒、勉励自己……一个人如果能做到慎独，便是达到了自我修养的最高境界。教师历来被寄予"传道受业解惑"的重任，也被赋予了"灵魂工程师"的使命，倘若不能做到"慎独"，岂不辜负了学生的期望？

潇的审视让我在处理班级事务时，力求桩桩件件都能做到公平公正，更让我学会了对自己高标准、严要求，以至让我在自我反省时不会感到愧疚，让我在回忆过去的工作时内心平静、安定。虽然潇已经毕业了，但我知道在他的审视下，我已经成长了。未来，我依然会将这个无形的监视器戴在头顶，时常停下脚步审视自己的教育行为，力求时时做到慎独、自律。

鼓励加引导，
创造美好的境界

初见——大方问好

每年接手一批新学生，尤其是初四学生，第一节班会课前，我都会特意将座次表投放在大屏幕上，而我本人稍晚几分钟进教室。这无疑是一个大胆的决定，刚刚组建的班级处于群龙无首的状态，这时候要是出点儿什么事，班主任又不在现场，一定会被严肃问责。这些我当然知道，但我就是想看看新班级的孩子面临老师不在的情况，能否自己动脑解决问题，没有老师盯着他们，他们之间会形成怎样的气氛。

这届学生从初一到初三没有分过班，到初四时才被打乱，重新分班。对我而言，我从未教过这届学生，对他们是完全陌生的；新班级中，大部分学生之间也是陌生的。但是，六月份在初三和初四学生共同参加的毕业典礼上，他们都曾从我手中接过倒计时牌，私下里应该也对我有所耳闻。他们会有什么样的表现，我的内心非常期待。

我迈着轻快的步子走进教室，刚刚在教室门口出现，就听见一声亲切的招呼"老师好"，接着，其他同学也纷纷问好，领头的这个便是小恺。开学第一天，他的聪明敏捷、活泼大方给我留下了深刻的印象。

相熟——可爱可恨

初次见面时便向班主任大方地问好，在和同学交往的过程中，小恺更是将这种"自来熟"的性格发挥到了极致。他永远精力旺盛，仿佛从来不知疲倦。早晨谁迟到了，谁的作业忘了交，午睡时谁打呼噜了，课堂上谁开小差了，他像一台时刻擦亮眼睛的监视器，收集着班级各个角落的信息。而这些信息往往成为他取笑别人、博得大家关注的谈资。温柔又爱面子的女生倘若被他嘲笑了，一定会红着脸，翻着白眼，咬牙切齿地跺着脚，却又无可奈何。所以，开学不到两个月，班里的女生就达成了一致：毕业那天，一定要组团"教训教训"小恺。

小恺不但心思细，还是班上的电脑高手。老师的课件出了问题，播放不了，视频展台不能拍摄照片，这些时候他总会第一个站出来，一边摇头叹气，嘲笑着老师的"无能"，一边不紧不慢地走上讲台，充当起了班级网络管理员，分分钟就让老师的课堂回到正轨。由此，他便获得了接近班级电脑的机会。课间，他走上讲台溜达的工夫，就能变出新花样。只见他在电脑屏幕上漫不经心地轻轻点了几下，待到上课时老师的手指在屏幕上一划，无数个笑脸便跳了出来。老师看着满屏的笑脸，先是一惊，转过身来看着孩子们的笑容和眼神，便猜出了几分。这些灿烂的笑容在初四备考的紧张日子里，是如此珍贵，老师们不忍责备小恺，只能无奈地瞥着佯装无事继而又不好意思地咧嘴偷笑的他。这个小恺，真是让人又爱又恨。

鼓励——奋起直追

作为班主任，是时候好好跟小恺聊聊了。我先肯定了他对班级工作的热心，进而鼓励他如果能够将更多的精力用在学业上，那就不仅能收获大家的笑声，而且会得到同学们的赞赏和重点高中的"门票"，那该多好啊！我还将海明威的名言送给他，建议他把这句话当座右铭——"真正的高贵不是优于别人，而是优于过去的自己。"我希望小恺不要满足于当下的成绩，而要精益求精，永不止步。有时候，优秀的学生更上一层楼，差的就是最关键的那一把火，而老师的鼓励和引导就是那点儿微弱却必要的火引。

接下来的日子，小恺铆足了劲，一点儿一点儿地积蓄着能量。早读时，他不再盯着教室门口，给同学们放哨，提前两秒喊出"老师来了"的"温馨提示"，而是沉下心来，入座学习，高效地复习着文言文和英语单词。午间，他不再把精力放在打鼾的同学身上，而是拿起自己买的习题，孜孜不倦地研究着。午睡结束的铃声响起，他会伸伸懒腰，我知道，他那是在品味攻克难题的成就感。不仅如此，谁在学习上遇到了困难向他请教，他一定会知无不言，言无不尽，一遍一遍，讲到同学会了为止。不仅如此，"售后服务"也很到位，他清晰地记得向他请教过的同学的知识漏洞，中午自习还会出个题目考考同学。晚上回家后，班级群里也不再有他刷屏尬聊的内容，而是他精心录制的讲题小视频……在他的带动下，班级内形成了浓厚的学习氛围。

讲授了《邹忌讽齐王纳谏》，我鼓励他将自己的能言巧辩发挥出更大的价值，将强大的号召力转化为帮助别人的能力。班级中遇到难断的案子、理不清的矛盾，我会鼓励他主动站出来调解，充当"和事佬"和"大法官"。不管多么棘手的矛盾，都在他的嘻嘻哈哈中化解了，那些受了委屈的也都破涕为笑，矛盾双方化干戈为玉帛了。

引导——迷途知返

新冠疫情防控期间，毕业班的学习也通过网络紧锣密鼓地进行着。我所在的学校处于乡镇，不少家庭的电脑、手机设备和网络条件有限，而且 80% 以上的孩子回了农村老家。经过商议，老师们决定放慢进度，稳扎稳打。网课结束后的几次摸底调查中，小恺的成绩都不是很理想，尽管也没有太大的下滑。我与小恺、任课老师、家长沟通过，一直找不到原因和突破口，这使我很苦恼，只能归咎于他过于放松的学习状态。正式开学后，我想着可能等步入正轨后一段时间就会好转，可是看着黑板上的中考倒计时，我心急如焚，毕业班的节奏让我不敢拿孩子的未来做赌注，不敢去静待花开。我和家长、任课老师商议：密切观察，务必及早找到小恺成绩波动的原因。

直到有一天，小恺的爸爸给我打来求助电话。小恺妈妈发现自己微信账户的余额出现了不正常的变化，而且消费记录已经被删除，她问小恺，小恺一口咬定跟他无关。小恺妈妈找到客服，打印出了消费明细，确认这些不正常的消费都是一款小游戏的充值，从时间上判断是小恺所为。小恺的父母比较开明，并没有对他进行"严刑逼供"，但是几天交流下来，小恺仍拒不承认，他俩没办法了，只好向我求助。听着小恺爸爸的陈述，我心里的疑惑也被解开了，原因总算找到了，可是怎么帮助小恺正视自己的错误，让他迷途知返呢？小恺虽然每天嘻嘻哈哈的，但实际上很爱面子，习惯了"好学生"的头衔，拼命维护着自己的"人设"，正是这样的心理使得他拒不承认自己的错误。我细细地想了一个中午，决定找小恺好好谈一谈。

　　我先和小恺沟通了一下网课期间的学习情况，并主动承认了错误：正是因为老师调整了课堂进度，才导致了小恺在课堂上"吃不饱"。小恺很吃惊，但还是故作镇定，一副没关系、无所谓的样子。紧接着，我给小恺讲了自己的故事：我从小到大一直是个听话懂事的孩子，可是，在进入青春期之后，也和很多孩子一样，非常叛逆。记得有一次我和父母吵架，说了很多伤害父母的话，那些伤人的话让我至今记忆犹新，可是我的父母却从来没有提起过。我告诉小恺，父母永远不会记恨自己的孩子，他们总是给予孩子最大的包容和最持久的耐心。我们只有清楚了自己的错误，才能想办法弥补，只要正视了错误、弥补了过失，我们依旧是父母心头的宝，依旧是老师、同学眼中的好学生。讲完故事，我看到小恺眼中闪动着泪花，我知道他最后的心理防线已经被攻破了，我告诉小恺可以放心地哭一场，想必这几天他的内心承受着巨大的压力，而对于游戏充值的事，我只字未提。待到他哭完，我和他商量了接下来该如何处理，将来如何弥补。最后，小恺调整好情绪，洗了脸，释然地走回了教室。他昂首挺胸地走在走廊上，我觉得眼前这个圆墩墩的背影仿佛脱胎换骨了一般，器宇轩昂，高大了许多。

　　在卸下了心头巨大的包袱后，小恺终于能勇敢地正视自己了，在接下来备考的日子里，他一身轻松，仿佛油门踩到底的汽车，迫不及待地奔向远方。迷途羔羊的故事成为我们之间永远的秘密。我知道，从这件事情中，小恺一定学会了什么是勇气，什么是担当，什么是责任。这些道理可能不会让他的成绩马上变得更加优异，但我相信，一定会让他变得更加优秀。

每个孩子身上都蕴藏着巨大的能量，如果教师善于挖掘，并加以适当的鼓励和引导，那些潜在的能量便会被激发出来，孩子便会遇见更出色的自己。优秀的孩子只要被稍加关注，便可以变得更加优秀。即便是毕业班的班主任，我们关注的也不应该仅仅是孩子的成绩，更重要的是对孩子的人格以及世界观、人生观、价值观的塑造和引导。

中考成绩揭晓，小恺毫无悬念地获得了实验高中的入场券。那个让人又爱又恨的机灵鬼正在悄悄长大。

把茧结得
　　　更结实一些

　　最后一节课是班会课，我带着满心的欢喜和自豪，带着上一届学生中颇为得意的四个弟子走进了教室。

　　这场"学长有约"的主题班会课我筹划了许久。苦于高中的时间紧张，初中生在校时，他们也在校学习，初中生放假时，他们也不得空闲，总不能成行。这天，高一学生调休，四个优秀的孩子给我打了一通电话，打算结伴来学校看我，我在电话里提前给他们布置了一项特殊的"作业"，让他们从各自的角度谈谈自己九年级中考冲刺的心路历程，介绍一下高中的美好生活，给毕业班的孩子树立榜样，增添一份奋斗的动力。

　　小伟一走上讲台，他的风趣幽默就引来孩子们的欢声笑语。谈到初四暗无天日的体育训练时，他现身说法："其实我比较懒，特别不喜欢运动，跑步对我来说简直就是煎熬，所以体育训练时我总是偷偷跑到厕所。大家懂的……就是想拖延一点儿时间……"孩子们惯用的对付老师的伎俩，第一次当着老师的面被坦诚地公开，教室里爆发出一阵狡黠的笑声。

"常在河边走，哪有不湿鞋，有一次就被王老师逮了个正着。"小伟用不好意思的眼神望着我，孩子们也立即将目光转向我，看看我的反应，我们默契地笑着。

"中考单体育一科我就被扣了 15 分，最终我以高出分数线2 分的成绩勉强上线。现在说起来很轻松，甚至可以当作'模范事迹'讲，但是想想当时，我其实挺后悔也挺后怕的……我特别感谢王老师在我坚持不下来的时候没有放弃我，依然督促我。"看着小伟真诚的表情和微微湿润的眼角，记忆把我拉回了一年前的那个下午。

那是三月底的一天，乍暖还寒，初四孩子在最后一节课上集中训练体育中考项目。小伟又想偷懒了，跑了两圈就跟不上大部队了，在内圈半走半跑地追赶着，我看在眼里急在心里。我知道对于小伟这样一个智商和情商都很高的学生来说，一声严厉的呵斥不会达到"扬鞭即奋蹄"的效果。我即便拉下脸来把他叫到身边批评一顿，也不能立竿见影，话必须说到他的心坎里，才能让他接受。

晚上回到家，我借机跟小伟在 QQ 上聊了几句，并给小伟转发了一个关于帝王蛾的故事。帝王蛾之所以得此威名，并不仅仅因为它的双翼长达几十厘米，更是因为它艰难的破茧过程。帝王蛾的幼年时期是在一个洞口极其狭小的茧中度过的，当它的生命要发生质的飞跃时，这天定的狭小通道对它来说无疑成了一道鬼门关，帝王蛾那娇嫩的身躯必须拼尽全力才可以破茧而出，太多太多的幼虫就是在这一过程中不幸力竭身亡的。有人怀了恻隐之心，想要将幼虫的破茧通道修得宽阔一些，他们拿来剪刀，把茧子的洞口剪大。这样一来，茧中的幼虫不必费多大的力气就能轻易地从那个茧里钻出来。但是，人们遗憾地发现：所有轻松钻出茧的幼虫，无论如何也飞不起来——它们丧失了飞翔的能力，只能拖着累赘般的双翅在地上笨拙地爬行！原来帮助帝王蛾幼虫两翼成长的关键就在于那条狭窄的通道：穿越通道的时候，只有用力挤压，才能将血液顺利送到蛾翼的组织中去，唯有两翼充血，帝王蛾才能振翅飞翔。人为地将茧洞剪大，蛾翼就失去了充血的机会，这样从茧中出来的帝王蛾便永远丧失了飞翔的能力。

在故事的最后，我告诉小伟，生命中很多艰难的旅途，老师和家长都想替你蹚过去，可是我们终究只能陪伴你走旅途中的一段路而已，有些痛苦只能你自己去面对，亲身去体验，因为这些痛苦恰恰是为了成就你才出现在你的生命中的，就像跑步，就像中考。没有谁能够施舍给帝王蛾一双奋飞的翅膀，你必须独自穿越狭长黑暗的隧道，才能成为自己的帝王，相信两个月后的你，就是破茧而出的帝王蛾！

第二天跑步时，小伟和其他男生一起等候在起跑线上，跑步测试中小伟奋力往前冲的身影宛如破茧中的帝王蛾一般痛苦。我知道体形稍胖又缺乏锻炼的小伟读懂了帝王蛾的故事，也在享受这涅槃般的艰难。留给小伟的时间已经不多了，四月的春风吹起时，他就要踏上体育中考的跑道。大部分孩子在体育中考中都取得了接近满分的成绩，而小伟带着痛失15分的遗憾和痛苦，最后两个月复习期间明显信心不足，悔恨时常折磨着他。我也常常宽慰他，庆幸体育成绩的短板没有影响他升入最棒的高中。

　　讲台上侃侃而谈的小伟，带着帝王蛾破茧而出、振翅飞翔的自信，分明已经成了自己的帝王。我问小伟："如果要送给学弟学妹们一句话，你最想说的是什么呢？"小伟想了想，说："人生难免遭受挫折困苦，倘若没有自己挣脱出来的勇气，就永远不能触摸成功并抓住它，永远不能享受飞翔的自由。那么，就让生活把茧结得再结实一些吧！"

　　是啊，把茧结得再结实一些吧，这样才能成就更优秀的帝王蛾。

在集体的
怀抱中补全"自我"

一个孩子最不可爱的时候，恰恰是他最需要帮助的时候。

"老师，我不想跟她同桌，您能不能给我换个同桌？"课堂上孩子们在做练习，我在教室里巡视，走到小睿身边时她突然站起来对我说。虽然小睿的声音不大，但教室里静悄悄的，每个同学都能听见。刚刚分班，孩子们之间还不是很熟悉，小睿就这样毫不遮掩地表达对同桌的不满，我看见同桌小琪尴尬得红了脸。

"老师，排球打到胳膊上真疼，我的手腕都紫了，我想休息两天，所以我昨晚就没练排球。"说完，小睿便扭着身子斜着眼回到了座位上。显然，小睿想让我知道她昨晚没有进行体育打卡的原因，也用这样的方式告诉小组其他同学"老师都没说什么，你们也别怪我给小组拖后腿了"。

小睿总是这样直截了当，甚至有些骄横任性、唯我独尊，从不考虑别人的感受。小睿是家里的独生女，爸爸宠，妈妈爱，爷爷奶奶疼。被家人捧在手心里的小睿集万千宠爱于一身，只知享受爱，却从不会站在别人的角度体谅他人，在与同学们相处时便不自觉地带出了家中的娇气。我知道，她的无理取闹并不单单指向小琪，指向我，指向小组的其他成员。如果不能让小睿清醒地意识到集体的力量——每个人都处在集体之中，被集体的规则约束的同时也受到集体的保护，在集体的帮助下我们能不断突破自己，获得长远的发展——那么，小睿身上的"刺"还会不断地刺痛身边的人。

要强的小睿学习成绩处于班级上游，对他人给予的帮助往往不屑一顾，可是每次跑步时，她都落在最后，即便气喘吁吁、满头大汗，也跟不上班级大队伍，有时无能为力的她索性放弃跑步，在跑道上走了起来。应该让小睿感受到集体的温暖，在集体的熔炉里锻造。于是，跑操点评时间，我宣布："同学们，咱们跑操的队形做一下调整，每个小组四人一排，女生在内圈，男生在外圈，每组个头儿小的在内圈，个头儿高的在外圈，一组在前，十一组在后。"孩子们按照我的指令迅速调整了队形。

"队形刚调整，大家可能不太适应，咱们先试着慢跑一圈。"小睿在一组，一组在排头掌控着速度，慢跑一圈肯定没有问题。在体育委员的带领下，孩子们带着调整队形后的新鲜感高高兴兴地跑完了一圈。体育委员点评："开学快一个月了，这是我见过大家跑得最整齐的一次。明天大课间的时候咱们放慢速度，我把握节奏，就像今天这样，只要不影响整体队形，咱们就这么跑。"孩子们带着满满的成就感解散了，小睿的脸上也挂着难得一见的笑容。

我将十一名小组长留下来单独开了个小会，希望小组长们能够在跑步时发挥作用，保证小组四人队形整齐，并主动鼓励那些跑步有困难的同学，帮助他们跟上队伍。如我所愿，第二天孩子们跑得异常整齐，学生会检查时，我班跑操满分。班会课上，值日班长激动地做着总结："同学们，今天真是破天荒的头一次，而且我看了学生会同学的记录本，咱们班也是年级十八个班中唯一满分的班级，就连平时总在后面散步的小月、小旺和小睿都没有掉队，真希望我们能够把这个辉煌的战绩一直保持住。"孩子们不约而同地鼓起了掌，为班级，也为自己。"只要心往一处想，我相信大家一定能做到。"看着孩子们真诚的眼神，尤其是小睿不再挑剔的目光，我知道有了切身的体验之后，"在集体中能成长为更好的自己"这样一个简单的道理，已经升华为一条人生经验，深刻地印在了小睿的记忆深处。

后来，我又千方百计地抽出班会课、大课间的时间，设计了诸如"生日排序""同舟共济""解开千千结""无敌风火轮""众志成城"等活动，来增强学生的集体意识。我知道，集体是教育的根基，对小睿的教育应该在集体中进行。小睿的聪明才智让她想出了很多点子，他们组的集体活动经常是完成得最快、最好的，小睿渐渐地被小琪和小组其他同学接纳了，她也渐渐收起尖锐的"刺"，变成了组长小琪的得力助手。

王维审老师说："任何好的教育，总是始于体验，途经美好，止于感悟的水到渠成。"一个孩子最不可爱的时候，其实正是他在向我们诉说体验缺失、感情单一、感悟缺乏的时候。看见孩子的不可爱，我们调动自己的教育智慧，用集体的力量包容他的"自我"，丰富他的体验和感悟，就会看到他的完美蜕变。

让我慢慢地走近你

一

狼吞虎咽地吃完午饭，我便匆匆忙忙地赶回教室。和前几天一样，教室里静悄悄的，弥漫着学习的气氛，毕业班的紧张氛围升腾起来。但是平静的背后，我总觉得哪里有些不对劲。果然，我刚环顾一圈，在教室后面坐下，航便走到我面前，眼角还挂着泪花。"老师，我被打了……"航委屈地说。

打架可不是小事，是谁打的？为什么呢？我只比学生晚到教室几分钟而已，怎么就出了这么大的事？我让航把事情的经过详细地讲给我听。可是，我越是着急，航越说不清楚。航从小就存在听力问题，需要借助助听器才能听清别人讲话。也正是因为听力障碍，航吐字不是很清晰，口齿不利索，而且平时说话的声音出奇的大，但是他自己常常意识不到。他的话特别多，排队时、上课讨论时，甚至自习时，总能听到他借机与前后左右同学闲聊的声音，所以班级中经常出现这样的场景：老师喊航的名字，周围的同学都听见了，只有他还沉浸在和同学的聊天中，滔滔不绝。

为了了解事情的原委，我把航叫到教室外面，让他慢慢说。原来，在吃完饭回教室的路上，航遇到了以前班级的三个男同学，这三个学生调皮捣蛋多年，仗着自己身形高大并且人多力强，在同学中颇有点儿耀武扬威的样子，小打小闹欺负别人是常有的事。以前在体育课上他们就欺负过航，和航有点儿小摩擦。现在分了班，不用顾忌以前班主任的威严，这三个孩子就想再欺负欺负航。他们尾随着航到了我们班的教室门口，借机挑起口角，然后推了航几下。午饭后，正是学生自由活动、走动频繁的时候，大部分学生都在洗手间、走廊、饮水处穿梭，这么多人在场并且目睹了这一幕，难道没有一个人站出来制止吗？我问航，航的眼神立马黯淡了下去。我又把班里的学生干部和几个目击者叫了出来，详细了解情况，得知虽然航也有做得不够好的地方，说话没有分寸，但是那三个学生明显仗势欺人。我问他们为什么不站出来制止，孩子们都沉默不语，但是沉默中似乎并没有因为自己的不作为而产生内疚。

班级是刚刚组建的，学生彼此之间还不熟悉，凝聚力也没有建立起来，但是这些血气方刚的青春期男孩怎么能眼睁睁地看着自己的同学被打而无动于衷呢？即便航平时不讨大家喜欢，也不至于让他们这么冷酷吧？是那三个学生在年级中"威名远扬"，还是孩子们的正义感有所缺失呢？等孩子们都回到教室后，我一个人在办公室里思考着这件事。平静下来后，我想：一定是因为当时没有一个人敢上前，在"枪打出头鸟"这种思维的影响下，即便有人想出头，也选择了随大流，寻求一种隐蔽的安全感。另外，大家对航这个特殊的孩子还没有完全从心底接纳。

我让航写了一封信，道出自己被欺负的心声。那三个学生通过航的文字深入了解了航的内心，最终认识到他们的欺负给航的身心造成了伤害，他们当中最有号召力的小凯当即决定要在全班同学面前给航道歉，并且承诺今后主动做航的守护使者，让他感受到班级大家庭的温暖。三个孩子真诚的话语打动了全班同学，所有人都不再抱着看客的心态对待这件事，眼神中流露出对航的歉意和对自己行为的懊悔。就这样，航真正走进了班级，也走进了同学们的内心。

二

英语口语考试需要班主任协助，我将学生带到微机室的指定考场。大部分孩子迅速地戴上了耳机，进入了考试的准备状态。这时候我看到航伸着脖子把头使劲地偏向左边，翘首看着另外一个学生，手里还拿着类似积木的小玩意儿，在给对面的孩子展示。看到这一幕，我心中立马涌出一股愤怒：期末英语口语考试马上就要开始了，不抓住这仅有的几次模拟机会好好练习，还只知道玩？我怒气冲冲地快步走到航面前，狠狠地瞪了他一眼。

看到我过来，航伸出去的脑袋立马缩了回来，但是眼神中带着一丝哀怨，摆弄东西的手并没有停下来。我走近一看，那应该是助听器的部件。航因为戴上了耳机，就可以把助听器拿下来了。我走到航身后，看着他安静下来开始考试，但我的内心像打翻了五味瓶一样百感交集。

我的第一反应是内疚和自责。我刚才那个严厉的眼神，是不是深深地伤害了这个特殊的孩子呢？命运的不公让他原本就比别的孩子可怜，既承受着身体的痛苦又不得不面对别人的嘲笑挖苦，饱受精神上的折磨。他是多么需要阳光和微笑啊，然而，我却给了他一双冷眼。

我的第二反应还是气愤。从他急于给其他同学展示助听器的举动可以看出，他希望得到别人的理解，更重要的是他可能以自己的缺陷为筹码，希望博得同学的同情和可怜。直到我发现了他并恶狠狠地瞪着他时，他的委屈应该是大于悔过的。他摆弄着助听器的样子像是在刻意提醒我：你看，我特殊，你不能批评我，你得特别关照我。如果真是这样的话，可以算是有恃无恐！我想这样的有恃无恐应该是他从小就养成的习惯。家长因为孩子的特殊，内心觉得愧对孩子，承担了所有能帮他做的事情，一味地退让。老师觉得孩子可怜，对他的要求难免会放松一些，所以航隔三岔五就会出现作业没做完的情况。在这种环境下，孩子可能已经自动把自己定位为不需要努力，只需依靠同情和可怜就能在犯错误时被宽恕的人。知道自己的特殊并利用自己的特殊来博得关注，这样时刻"挂着精神拐杖"的孩子，如何能健康成长？

此刻，虽然我们离得很近，但是航的心和我相距甚远。

三

自此，我便有意无意地在语文课的素材积累方面做着细微的调整，为孩子们推荐一些精心挑选的文章。

"95 后"湖北小伙赵经远，自小患"肌张力障碍"，无法正常听、说、行走。5 年来，他凭着超人的毅力看完 30 万张星图，成功发现了 4 颗超新星和 2 颗河外新星，最远的距地球约 2.5 亿光年。"别人觉得我身体有病，不可能干好一件事，我不但干了，还干得很好！""我看星河多妩媚，料星河见我应如是。"赵经远从未把自己当作残障人士，等待别人的照顾，而是通过自身的努力，达到了普通人难以企及的高度。

2021 年 5 月，很多高三学子在紧张复习迎考之际，扬州市特殊教育学校的 10 名学生已经被高校录取，其中 7 人考上了本科，3 人考上了专科。他们优异成绩背后的艰辛我虽然不能体会，但是我会由衷地为他们鼓掌。努力和付出会赢得尊严，向命运屈膝低头只能换来垂怜。

这些和航情况相似的孩子，用自己的毅力与命运做着斗争，并且大获全胜！

一天晚上放学时，航悄悄地走到我身边说："老师，我帮您拎电脑。"航这么主动，应该是有事找我谈。"好的。"我心照不宣地给航一个大大的微笑。从教学楼到学校门口的这一段路，航跟我聊了很多，即将分别时，航告诉我："老师，其实您做的，我心里都懂，我也会努力考上心仪的学校，谢谢您。"说着，他向我深深地鞠了一躬。

看着航蹦跳着远去的身影，我知道，我已经走进了他的内心。而他，也必将走向更广阔的人生天地。

让担当奏响
成长的圆舞曲

"老师，我现在好激动啊！"看着小乐发过来的她凭借高分稳稳地考上了心仪的高中的截图，隔着屏幕我都能感受到她的兴奋，想象得到她此时手舞足蹈的可爱模样。

为她高兴之余，我的担忧也涌上心头，有些话不知道应该如何跟她说。可是，不说的话，恐怕以后难有机会了。中考成绩一出，就意味着孩子们马上要奔赴人生的下一段旅程。为了她的下一段旅程更加精彩，或许我应该尽到为人师的责任，将我的忠告奉上。

让我顾虑的是，小乐聪明、学习一丝不苟，但在生活中却倔强、执拗得很，如果没有充分的理由很难说服她。就拿上次的"手镯事件"来说吧，开学没几天，我在语文课上发现她戴了手镯，为了顾全她的颜面，我没有当众揭穿她。下课后，我把她叫到教室外面，告诉她作为班长应该给同学们做好表率，注意自己的穿戴。可是，她一脸不解，觉得我有些小题大做了，并自以为是地说"以前的班主任说过，只要不被德育处的老师发现就好，这没什么的"。直到化学实验技能模拟考试那天，孩子们一进实验室就被监考老师营造的严肃气氛镇住了，小乐虽然平时练习了很多遍，但是拿着试管的手依然不停地颤抖。越是忙乱，小乐的手镯越是不听话地一次次地从袖子里探出脑袋，和试管来了几次亲密接触。模拟考试的监考老师是我的同事，也是我的好友，她看着小乐，直到她要签字离开了，也没有给她一句提醒或建议。

事后，好友与我谈及此事，好友坦言道："看这姑娘的表现，我以为她是个不在乎自己成绩的孩子。"我把监考老师的话反馈给小乐，就这件事和小乐进行了一次交谈：戴手镯确实不是一件大事，可这无疑是对校规校纪的蔑视和挑衅，对于个人的形象塑造也很不利，尤其你还是咱们班的班长，是咱们班的代言人，更要有责任和担当，不能因为个人的小喜好而将班级大局置于不顾。有时候，可能就是这些细节无意中阻碍了我们的成功。小乐这才意识到在学校佩戴首饰的不妥，并接受了我的忠告，将手镯取了下来。

毕业典礼那天，小乐协助我切毕业蛋糕。切到最后，蛋糕显然不够分，于是我没有跟孩子们共享美味，可还是切不出四块来。于是我索性把四个没分到蛋糕的孩子叫过来，让他们拿着叉子一起分享剩下的蛋糕。这时，化学老师进了班，我便招呼老师一起吃，没想到心直口快的小乐看着我，冒出一句："老师，蛋糕不够了。"其实，化学老师是在隔壁班吃完蛋糕，才过来与孩子们道别的。可是小乐的话一出，我和化学老师都很尴尬，化学老师急忙摆摆手，表示她不吃。毕业典礼结束后，小乐和其他孩子一起走出了学校的大门，我目送他们离开，心一直悬着。遇到这样的情况，如何处理才是最佳解决方案呢？我该如何告诉小乐呢？如果我们俩就此分别，再也不提，谁来教小乐成为一个更加优秀的班长呢？我还是希望有机会能和小乐聊一聊。

终于，一天晚上，小乐的QQ头像跳动起来了，她在填写新一中（威海市实验高级中学）的调查问卷，对于"三年规划"一栏不知如何下笔，便向我求助。解决完小乐的问题，我便和小乐闲聊起来。

"上了高中，也要继续努力，争取一直担任班长。"

"我也是这么想的，老师。"

"高中的班级事务比初中多，做事情之前一定要多思考。"借着融洽的聊天氛围，我提到了毕业典礼上那尴尬的一幕。

"老师，我也看出来蛋糕不够了，可是我当时想的是，即使我不吃，蛋糕也一样不够。"

"那如果必须有两个人放弃蛋糕，我已经放弃了，你觉得再让谁放弃合适呢？"我把问题抛给了小乐。过了一会儿，小乐回复道:"老师,应该是我。"

是啊,有的时候,失去也是一种得到,放弃才是真正的担当。看上去我们失去了享受美味蛋糕的机会,但收获的是大度和礼让,是同学们的佩服和支持,是老师的信任,是无形的成功。比起这些,一块小小的蛋糕又能算得了什么呢?"欲戴王冠,必承其重",既然已经站在了班长的位置上,未来还想继续做下去,就应该比其他同学有更高的觉悟、更高瞻远瞩的眼光。希望这场难忘的毕业典礼,能够成为小乐成熟的起点,祝愿学会担当和负责任的她,能成为新同学心目中的好班长。

爱要表达
才能被看见

　　"我要去……找校长……"我哽咽着，委屈的眼泪哗啦啦地流淌下来，不顾年级主任的阻拦往校长办公室冲。

　　全体教师大会上刚刚公布了新学年的岗位安排，我要接手新的初一年级，担任班主任。这就意味着我不能继续当毕业后带的第一批学生的班主任，从感情上，我无论如何也割舍不下，发自内心地接受不了学校这样的安排。

　　但胳膊终究是拧不过大腿的。

　　军训、一日常规训练、大合唱拉歌比赛……新一届的开局工作让我这个班主任忙得像个陀螺，脚一刻也不能沾地。如此快节奏的学校生活，似乎让情感的宣泄都变成了一种奢侈，只有夜深人静的时候捂上被子，才能让眼泪尽情地打湿枕头。感情上虽然不舍，但我知道面对既定事实，绝对不能干扰原先那个班的新班主任的工作，也不能冷落现在班里的孩子。每每在校园里遇到原先那个班的孩子们，他们总是报以热情的问候，不当班主任了，关系似乎更亲近了些。女孩子会挽着我的胳膊撒娇，"抱怨"新班主任太温柔了，大家有些不适应；男孩子总会抢着帮我拎东西，淘气的还会在全校广播体操结束后跑到我的新班级队伍后面卖个萌。我沉浸在和上一批孩子小别后又时常相遇的喜悦中，沉浸在同事、家长对我把新班级管理得规范有序的夸赞中，直到我遇到小林，他给了我一记响亮的耳光。

我和小林偶遇在一个安静的楼梯拐角处，原以为小林会像其他孩子一样跟我叙叙旧，至少寒暄寒暄，没想到他一瞥见我就一副急匆匆的样子，想要快速绕开，假装没看见。许久没见，我很想好好看看他，就温柔地叫了小林的名字，他才站定，哆哆嗦嗦地说了句"老师好"。我见他一个人，便问他去干什么，他回答"这节课我们班上体育课"，紧张到声音有些颤抖。"那快去吧，注意安全。"看到小林飞也似的逃出了我的视线，走出教学楼后如释重负般地长舒一口气，站在窗口的我内心无比悲凉，冲淡了那浓厚的喜悦。

是啊，仔细想想，那些仍然与我嘘寒问暖、关系密切的学生大多是性格开朗的孩子，或者是以前的班干部，经常进出我的办公室，自然亲近些。像小林这样不善言辞又自觉遵守纪律不用老师操心的孩子，常常处于被老师忽略的边缘。他们与老师的接触似乎只有课堂上回答问题时的短暂交流，所以很少能感受到老师的爱和呵护，尽管我自以为已经爱得很深沉、很用力了。

看来，如果仅凭自以为，爱还是单薄的；如果不去表达，孩子接收到的爱就像被稀释过，淡了许多。他们脑海中留存的对班主任的印象，可能仅剩下两年来被条条框框约束出来的习惯：吃饭不讲话；走路要排队；下雨天第一个到教室的同学要主动把水桶拎出来放雨伞，为后面来的同学做好准备……班级管理，只有这些制度和规矩是远远不够的，更重要的是要有人情味。管理管理，既要管也要理。心中有爱，眼中有人，嘴上更要有表达。

想明白这一点，在新班级管理中，我不再板着一副面孔，用制度和规矩把学生牢牢地套在圈子里，而是把爱表达出来。我给自己制定了新的工作常规：每天必须抽时间与一个学生谈心，让班里的每个学生都能感受到班主任对其的关注，而不是只有犯错误时才有机会与老师单独交流；每周至少与两个学生进行书面交流，深入了解他们的内心世界，对于学生的成长困惑及时给予帮助和引导；每天都要真诚地表扬三个学生，让每个学生都能享受到被全班凝视的"高光时刻"。于是，我每天都在忙着发现细小的善举和感动，都在忙着用语言和文字表达爱、播撒爱。哪怕是课堂上我还在引导而没有说出口时，课代表就在刹那间领会到了的默契；哪怕是交作业时，小凡主动把作业摆整齐这样一个不易察觉的微小动作；哪怕是大家都忙着放学，小强坚守到最后，关上教室的灯和多媒体的淡定从容……这些都被我看到，装在心里，记在班级管理日志上。当我替全班同学表达感谢，走到被表扬的孩子身边拍拍他们的肩膀时，我相信孩子们接收到了老师传递的能量。当我把这些瞬间在全班同学面前描述出来时，孩子们用羞涩的小脸对我的爱的表达做出了最好的回应。再看元旦假期前，同学们写给各科老师的留言簿上，满是爱与被爱的表达，这种充满爱的表达那么自然，那么畅通无阻。

　　经过三年的班级管理工作，我终于在仁爱和严厉之间隐约找到了那个平衡点。学会了爱的表达之后，我的教室里温情脉脉，充满欢声笑语。从紧绷到放松，从把爱藏在内心到时常表达出爱意，是自己跟自己的较量，是班级管理的顿悟和升华，更是从稚嫩到成熟的蜕变。我会在不断的自我认识和反思中寻找更好的班级管理方法，点亮自己的教育智慧。

磨圆竞争的棱角，
走向互助合作

"老师，能不能别让我当班长？"班会课一结束，被任命为代理班长的小刚就跑到我的办公室提出要求。

"你有什么顾虑吗？"我从内心想要说服小刚，不仅因为上一届班主任极力推荐他，而且他是班级中唯一当过班长的学生，不用培养就可以直接上任。

"老师，我现在上初四了，最后一年我想把所有精力都用在学习上，冲刺实验高中，不给自己留下遗憾。"

"果然是个有志气的孩子，老师很欣赏你。虽然咱们是第一天见面，但是老师相信以你的能力和十足的劲头，正常发挥，考实验高中是没有问题的。"

"可是，老师您不知道，咱们班小敏是我强劲的对手，前三年我们俩在年级排名里一直难分上下。她无'官'一身轻，所有时间都能用来学习，我当班长肯定会分散精力，一不小心就会被她比下来。我是个男生，要是输了多没面子，我得好好努力才行。"毕业班的紧张气氛弥漫着，小刚的担忧我能理解。但是，如果一味地盯着自己的竞争对手，整天患得患失、战战兢兢，学习生活会快乐吗？

"你的心情老师能理解。我看了初三班主任整理的学生情况介绍，咱们刚刚组建起来的班级里确实没有人当过班长，开学事情比较多，只有你能帮我了。""这……"小刚有点儿意外又有点儿不好意思。"要不然九月份你先临时代理一下，我尽量少打扰你，等到国庆假期结束，咱们进行班委选举，到时候你再根据自己的情况决定是否参加竞选，这样行吗？""那好吧，老师。"小刚勉为其难地答应了。不管课间还是自习时间，每当我走进教室，看到的都是小刚埋头苦学的样子，竞争的危机感让他时刻保持着警惕。

国庆放假前两天，年级为初四学生举办了一场小型运动会，设置了中考体育必考的排球对墙垫球、跳远、跳绳、跑步等项目，参赛选手随机抽号产生。学生参加的项目未必是自己擅长的，当然，学生也未必能抽中强项，所以学生的参与热情非常高。小刚抽到了 6×400 米接力赛，这让他有点儿为难，因为跑步是他的弱项，而接力赛往往是整场运动会的高潮环节，大家的关注度最高。站在接力区，我能看得出小刚的紧张不安。这时，我叮嘱啦啦队队长小敏，一定要把我们班啦啦队的优势发挥出来，让运动员无论跑到操场的哪个位置都能听到我们的呐喊助威。"五班，加油！五班，加油！"比赛还没开始，我们班的啦啦队就以震惊全场的呐喊先声夺人。比赛开始了，整个操场上都能听到我们班高喊着运动员的名字，为他们加油的呐喊声。最终，6×400米接力赛我们班大获全胜，孩子们激动地欢呼起来，还相互击掌以示庆祝。我们用最热烈的掌声迎接从赛场上归来的英雄。班长小刚被大家簇拥着，他的小脸因为奔跑和害羞而变得红红的。

总结班会课上，啦啦队得到了大家的一致称赞，队长小敏动情地说道："虽然我们不能在赛道上和大家一起奔跑，但想用加油声告诉运动员——你们并不是一个人在战斗，你们的身后还有我们！只有你们和我们加在一起，才是完整的集体，才能创造奇迹！"说到这里，小刚不自觉地站起来讲道："以前，我心里只有学习，只想争第一。我甚至觉得运动有些野蛮，觉得加油呐喊既空洞又做作，能跑就是能跑，跑不动加油又有什么用。可是今天，我跑到一半马上要耗尽力气时，在弯道上听到咱们班啦啦队的呐喊，不知哪里来的动力，浑身充满了力量，我感觉腿上的肌肉一下子绷紧了，我被自己的速度吓了一跳。是大家的加油给了我力量，我第一次感受到鼓励的力量和运动的魅力，感谢我们班啦啦队，感谢队长。"说着，班长小刚伸出手，对小敏表示感谢。看着他们握手，全班响起了热烈的掌声。

国庆假期结束，班委选举大会如期举行，小刚大方地走上讲台竞选班长，台下的我和小刚相视一笑。"希望我能发挥自己的优势，继续为大家提供帮助。"眼前的这个男孩分明已经长大，更懂得担当和分享。

　　后来，自选座位时，小刚和小敏成了同桌。"人们总是认为自己最了解自己，其实对手才是最了解你的人。我清楚小敏的弱项，愿意像她为我加油时那样，不遗余力地帮助她。"小刚在周记中坦言道。虽然小刚和小敏的成绩依然难分伯仲、不相上下，但是当我再次走进教室时，我看到的不再是小刚埋头苦学的样子，而是他和小敏在筹划，每天为班级录制一个难题解析视频。他们的商讨认真又严肃，思路清晰，思维缜密。每天午餐前、自习时，他俩的座位总会被围得水泄不通，同学有什么问题都喜欢向这两个"学霸"请教。在小刚和小敏的引领下，班级学习氛围更加浓厚，到处都是互助合作的身影。中考成绩揭晓，每个孩子都没有给自己留下遗憾，我相信这样的结果正是大家期望的。

我是不是
一名好老师

　　"老师，教师节快乐。"一个并不熟悉的 QQ 头像急切地跳跃着，打开一看，是我第一年当班主任时教的孩子鸿。这孩子现在应该已经读大二了，我默默地算着。"谢谢你，鸿，真高兴你还记得老师。"孩子们在求学路上会遇到许许多多的老师，鸿能够在这个特殊的日子里想起我这个只教过他六、七年级的老师，并送上一句祝福，我深感荣幸。

　　鸿的出现，勾起了我心里那段令我隐隐作痛的回忆。该不该问问他呢？我犹豫着。

　　事情是这样的：六年级时，班里的男孩子稚气未脱，比较顽皮，经常在一起玩闹。晗、峰、豪和鸿四个男孩原本是要好的朋友，只因为有一次玩闹过火，四个孩子分成了两派并发生了不愉快的争吵，放学回家的路上你一言我一语激化了矛盾，最后动起手来。第二天，了解了事情的经过后，我把四个孩子的家长叫到了学校，家长们一致认为应该先带受伤的鸿去医院做检查。医生诊断发现，鸿的左手小拇指有一条小裂缝，如果不治疗，可能会自愈，也有可能留下后遗症。如果治疗的话，就要将裂缝就势掰断，再固定起来让其重新长好，手术费用需要一两万元。家长到校时，考虑到孩子受伤后应该及时治疗，检查前我并没有跟家长们就打架事件分清责任。在得知治疗费用不低后，家长们均认为参与这件事的所有孩子都有错，因此谁也不愿承担治疗费用，也不同意费用均摊的建议，事情一度陷入了僵局。

那天晚上躺在床上，我彻夜难眠，想到鸿的处境，我不禁泪如雨下。鸿的妈妈带着孩子改嫁到威海，继父对他十分严苛，为了训练孩子的体能，继父经常带他锻炼，瘦小的鸿体重不足80斤，但是八块腹肌已经清晰可见，俯卧撑一次可以做到200个……想到小小的鸿中午吃饭时竟能够狼吞虎咽地吃下8个包子，想起他那双已经露出了脚指头的布鞋，我的心里真不是滋味。怎么也不能让这个可怜的孩子再承受落下残疾的风险了，于是我毅然决然地做好了付出一切的准备。那时候我刚参加工作，每个月工资只有1970元，学校没有宿舍，我和两位同事租住在学校附近的小区里，除去每个月300元的房租，还有水电费、生活费，日子也过得紧巴巴的，一年省吃俭用也没攒下一万元钱。我想，大人可以将就，钱可以再赚，怎么也不能再让这个孩子受苦了，最终我决定和鸿的妈妈共同承担这笔费用。

周六上午，我和鸿的妈妈一起陪孩子走进了医院。医生试了好多次也没能掰断孩子小拇指的那处裂缝，换了两位医生也无济于事，最终这件事情就这么不了了之了。孩子读初三时，我接手了新的班级，鸿转学回到了老家读书，后来也就失去了联系，鸿的手指究竟怎么样了，我也不得而知。

今天，鸿突然联系我，惊喜之余我想：如果再不问问孩子的情况，心里的这块大石头恐怕再也没有机会落地了。我鼓起了极大的勇气，小心翼翼地问道："孩子，你的左手小拇指现在还痛吗？有没有留下后遗症？"鸿停顿了一会儿，发来一个茫然的表情。"你上六年级时和峰打架，小拇指曾经受过伤。""早就没事了。老师，我身体好着呢！"说着，鸿发来一张照片。看着记忆中瘦小的小豆丁已经长成了玉树临风的男子汉，那一刻，我泪流满面。几年来的担忧和顾虑全部烟消云散了。"谢谢您一直牵挂着我，老师。"

泪眼蒙眬中，看着孩子发来的信息，在这个特殊的日子里，我不禁深深地叩问自己：我是不是一个好老师呢？初入杏坛，毫无经验，未能处理好学生之间的矛盾纠纷，以如此尴尬的结局收场，怎么能称得上优秀和成功呢？庆幸鸿的身体无恙，内心的歉疚才削减一二。倘若不那么幸运呢？我又该如何自处？幸运的是，我的一腔热情和对孩子发自内心的爱，被孩子捕捉到了，所以，不用任何沟通的技巧，呼唤的和被呼唤的便可以相互应答。我不禁慨叹：教育果真是一场修行，爱即使发自心底，也绝不能再让智慧缺席。我要赶紧成长，爱孩子，更要对得起班里的每一个孩子。

抓住教育契机，
改写成长的悲剧

　　昆明三中的张老师自导自演了一场"班费神秘失窃案"：两名生活委员收了班费后随意放在桌洞里，就和同学们一起去音乐教室上课了，回来之后发现班费不翼而飞，惊慌地向老师报告求助。班会课上，这一案件引发了一场寻找班费的头脑风暴，孩子们展开了一场大讨论，逼真的情境让身处其中的孩子们焦急万分。班主任最终拿出班费，揭开谜底。张老师通过这样一场虚惊给全班同学上了一堂印象深刻的班会课。通过这节课，想必生活委员一定懂得了要认真做事，绝不能疏忽大意；其他同学也懂得了要保管好自己的财物；那些有过拿别人东西的想法的孩子，也能体谅到丢东西的人的焦急和无助，做一个诚实的孩子。

　　张老师牢牢抓住教育契机，防患于未然，虽然一定程度上给孩子带来不小的精神压力，然而教育的作用一定是大于丢钱给孩子们带来的恐慌的。而现实中，我们的教育生活里，更多的是真实的失窃案，以及失窃案背后那些让人心酸的故事。

2013 年，刚踏上工作岗位的第二年，我就当上了班主任。在我心目中，班里的 40 多个孩子都是天真单纯的，虽然有的孩子有时顽皮一点儿，学习习惯不尽如人意，但这也是初一孩子本来的样子。所以，我把自己毫无保留地奉献给这个班，不仅仅是我的时间和精力，还有我的热情和期盼。我希望所有的孩子都能像罗森塔尔效应所反映的那样，按照我的期待成长，都能成为人格健全、心智成熟、善良大方的人。可是，我这种只看共性、不顾个性差异的教育理念，将我的期待击得粉碎。

开学第一个月收饭费，我以为健全的小组合作制可以帮助学生实现自主管理，为此我还做了精心的指导：小组长负责收钱，同桌协助记录，清点无误后以小组为单位交给我。我以为这样的安排天衣无缝，不会出现任何纰漏，更没有想过我的班里会有将别人的钱据为己有的孩子。组长把钱交给我后，六组的 100 元钱怎么也找不到了，怎么办呢？查大家的书包？太草率。相互检举？伤害感情。让孩子主动承认？空等一场，不会有结果。教室里没有监控，这 100 元钱就这样不翼而飞了。最后，我不得已自掏腰包把这 100 元钱补上，事情也就结束了。

没有想到的是，我对教育契机的不重视，对学生个性发展的忽视，导致了更大的悲剧。

一天，下课铃刚响，学校的信息技术课老师站在教室门口望着我，看样子已等候多时。我走出教室，她递给我一个钱包，说："是你的吧？怎么这么不小心呀！幸亏保洁阿姨细心，要不然你的钱包早被当作垃圾清理掉了，赶紧收好。"我的脑子"嗡"地一响，打开钱包一看，傻了眼，早读时数学老师还给我的500元钱加上刚发了工资取出来的1000元钱都不翼而飞了。这到底是怎么回事呢？"会不会是学生看到你把钱装进钱包里，动了歪心思？""不会的，我们班怎么会有这样的孩子呢？"虽然我嘴上不承认，但是只过去短短两节课时间，而且我都待在班里，又怎么会是别班的孩子干的呢？在同事的劝说下，我开始查学校走廊的监控，画面上呈现出来的可疑身影，以及那个女孩掏出的一沓钱，都是我不愿看到的。后来，一个女生出于对包括我在内的受害者的同情，悄悄写纸条告诉我，班里的学生都很不欢迎她到自己家里做客，因为凡是请她去家里玩的，过后都发现家里丢过东西，多的丢过3000多元钱。从小学起，大家就知道她的不良习惯，也知道她偷继父的钱买过一部手机，大家只是不说而已。

重组家庭、父亲嗜酒、行为习惯不良……这些因素叠加在她的童年中，是多么痛苦的记忆！而我作为班主任，盲目地相信孩子，没有深入孩子中间去了解，没有深入孩子内心去了解，没有及时地给她提供帮助，也没有想办法改变孩子的不良行为。如果第一次丢钱时，我能再机警一些，能像张老师一样抓住教育契机，给孩子们上一堂终生难忘的班会课，想必她不会将手伸向别的同学，伸向自己的班主任，说不定她真的能改掉这个坏习惯，重新做个好孩子。可是，教育没有如果，这件事成了我永远的遗憾。后来，由于工作调整，我不再带这个班了，她怎样了，我也不知道，但是自责和懊悔常常会在夜深人静时跳出来，紧紧地将我包围。

我这才领悟：愚昧的善良也是一种伤害，无原则的宽容才是造成悲剧的罪魁祸首。如果可以，我多么希望时光可以倒流，我多么希望能够牢牢抓住教育契机，我多么希望改正她这个坏习惯。

让惩戒始终
保有师爱的温度

    2020 年 12 月，教育部颁布了《中小学教育惩戒规则（试行）》，并于 2021 年 3 月正式实施。消息一公布，很多教师欢欣鼓舞，国家终于从规章层面将戒尺还给了教师，教师终于能理直气壮地给那些"小霸王"们戴上"紧箍"了。可是，高兴了没几天，学校就给老师们开了会："对于惩戒规则，学校还没有研究透彻，咱们老师先不要急于使用，无论什么时候，我们都要守住师德的底线和红线。"老师们想象出来的惩戒规则一实施孩子们立马乖乖听话的场面瞬间灰飞烟灭，老师们像一只只泄了气的皮球，垂头丧气。

    其实，即便学校没有召开会议，我们从条例中也不难看出，惩戒规则不仅仅是对教师惩罚权的保障，更是对教师惩戒行为的规范，也为中小学教师实施教育惩戒明确地框定了范围，画了"红线"。并且，即便教师有惩戒权在手，就真的能扼制学生问题，天下太平了吗？未必。教师如果不善于运用教育智慧与学生进行情感交流，只会板着一张脸，做一台没有情感的教书机器，即便用再威严的规章来保障教学秩序，仍然教不出听话懂事的学生。

包容比惩罚更有力量

我们班有两位年龄相仿的老教师，极富教学经验，一位教英语，一位教生物。她们都是学校里出了名的"厉害"老师，课堂上激情飞扬，整个走廊都能听见她们讲课的声音，然而发起脾气来也不容小觑。半个学期过去了，学生的成绩却产生了巨大的差距：生物成绩稳居年级第一，而英语成绩却处于垫底的尴尬位置。这是为什么呢？纳闷之余，我专门询问了几个学生，没想到孩子们的回答出奇的一致："生物老师虽然严厉，但是每次发完脾气，都会心平气和地告诉我应该怎么做，以后遇到同样的问题应该怎么思考、怎样突破，所以我基本不会再犯同样的错误。""不仅如此，我做得好的时候，生物老师还会隆重地表扬我、鼓励我。""英语老师每次发完脾气，必然会罚我们抄写，我们抄写完后，不会的知识点仍然没弄会。""对呀，大家嘴上不说，其实心里都有些反感，所以，越来越不喜欢英语了……"

同样的年纪，同样的脾气，不同的方法：一个重教，包容了学生的错误；一个重罚，想让学生"长记性"。结果却截然不同：包容造就了良好的师生关系，促进了学生的学习；惩罚摧毁了师生间的情谊，甚至抹杀了学生对一门学科的学习兴趣和积极性，给学生造成了难以估量的伤害。可见，教永远比罚更重要。

《群书治要》卷五十《袁子正书》治要有言："先仁而后法，先教而后刑，是治之先后者也。"意思是说，先实行仁义然后采用法令，先进行教化然后才用到刑罚，这是治理国家的先后次序。治国如此，教书育人又何尝不是如此呢？

没有惩罚，胜于惩罚

体育中考日渐临近，模拟考试正在进行，平时无数次强调过垫球要领，依然有很多孩子出现失误，尤其是中考"边缘生"小龙和小璘。我强忍着内心的焦虑，强压着自己的火气，带着班级队伍快速离开体育馆向教室走去，一路上我想象着自己关上教室门后"咆哮"的情景。

显然，孩子们察觉到了我的情绪，安静地坐在座位上。看到失误的孩子那沮丧的眼神，我便一下子心软了，不忍心再去责怪。究竟为何会出现这么多失误呢？"今天体育模考，咱们班好几个同学失误，还剩 22 天就正式考试了，我真的是太着急了，不知道大家是怎么了。小龙，你能不能说一说？"小龙不好意思地站起来，低着头："老师，我太紧张了，垫球的时候手心一直出汗。""是吗？我一直觉得咱们班同学的心理素质挺好的。""你呢，小璐？""老师，模拟考试前您就严肃强调了考试态度要认真，结果不知道为什么，我越重视反而越发挥不出正常的水平。"我以为孩子们不重视，原来真的只是"我以为的"，刚刚设想的要严厉训斥孩子的念头立马没了。

"那么，我们怎么样才能保证顺利通过体育中考，不出现失误呢？"孩子们都低下了头。我想到了之前热播的电影《夺冠》，便打开电脑，和孩子们一起看了起来，并让孩子们看完写观后感。在观后感中，小龙写道："'当你的判断成为下意识的时候，你在赛场上才可能出现在正确的位置。下意识怎么来的？训练来的，不是一般的训练，而是千百万次，上亿次，不断重复的训练。只有坚持下来的人才能走到最后。'这是教练告诉女排队员的，同样也是这部电影告诉我的。从前，我总把自己的失误归结为心理素质差，现在，我明白了，真正熟练之后是不会失误的。我也要用千百次的训练，赢得绝对的满分和信心，来对抗紧张带来的失误。"就这样，没有一句呵斥，没有一点儿惩罚，接下来的日子里，孩子们斗志昂扬，训练时比以前更能吃苦了。而我也学会了用鼓励和肯定缓解他们的焦虑。在每一次模拟考前，我都大声地告诉孩子们："正常发挥就可以啦，加油！"体育中考那天，我看着孩子们满怀信心地走进考场。当孩子们满面笑容地走出考场，给我送来一个个大大的拥抱时，我喜极而泣。我知道，我和孩子们都超越了原来的自己。

一味地批评、惩罚孩子，不去思考问题的本质，孩子不会感受到老师的爱和良苦用心，更不会从错误中吸取教训，反而会因为受到了批评和惩罚而减少了负罪感。"反正你也惩罚我了，我又何必改正呢?"在这种心理的驱使下，惩罚的效果几乎为零，惩戒变得毫无意义，教育的效果大打折扣。心平气和地交流，才能找到问题的症结，才能将师爱的温度传递给孩子们，才能让满载师爱的小舟将学生渡到成功的彼岸。

为黑暗中的自己
打开一扇窗

　　"每周一检查作业之前，我都要鼓起十足的勇气。"

　　"对呀，明明做好了心理准备，可还是会忍不住生气，学生周末作业的质量实在是太差了。"

　　"要是学生能不回家，一直待在学校，由我们老师辅导着该多好，肯定不会比现在差。"

　　听着同办公室老师的感慨和抱怨，正批改着语文课代表小月的作业的我深有同感。按理说，课代表是老师最得力的助手，即便语文成绩不是最好的，也应该是同学们学习语文的榜样。周一到周五还好，一到周末，小月就和其他孩子一样放飞自我了。为了帮助孩子成长，争取家长的配合和支持，一次偶然的机会，当时还是语文老师的我随班主任到小月家里进行家访。

　　小月爸爸在小区门口迎接我们俩，一起走进单元门，他却没有带着我们往楼上走，反而走进了黑漆漆的楼道里面，转弯走过堆放着杂物的拐角，一扇开着的小门透出一丝微光。这是一个半地下的储藏室，只有几平方米大，屋子里的东西一览无余。门口就是厨房，兼作操作台的餐桌上放着碗碟、筷子，家里没有抽油烟机，一面墙被熏得黑乎乎的。门后的空间是一个仅容一人转身的洗手间。靠窗的位置放着一张上下床，挡住了大半个窗户。床的对面是一个简易衣柜，父女俩的衣服全放在里面。小月爸爸给我们俩一人一个板凳，请我们坐下，小月就坐在床沿上，和在学校时的大方活泼截然不同，仿佛被揭穿了老底一般无地自容。小月平时的校服干净整洁，以至于我和班主任都完全没有想到她的生活环境如此简陋。

谈话才进行了几分钟，小月爸爸便把话题扯向了孩子的妈妈，控诉着小月妈妈狠心抛下孩子不管的罪状，全然不顾我和班主任的暗示和引导。这是一次失败的家访，我们和家长之间没有达成任何共识，更让我难过的是，小月居然天天生活在如此艰苦的环境中。这对孩子来说该是多大的考验！

与家长沟通的失败，决定了我们老师要"孤军奋战"了。

很快，元旦假期到了，小月送了一张贺卡给我。娟秀的字写着对我的感激和祝福："谢谢老师时常鼓励我。当我想要放弃时，想到您的目光，便又严格要求起自己来。"课堂上，讲到励志的句子和人物时，我便有意无意地与她进行目光的交流。"处暑不出头，割谷喂老牛。""该努力生长的季节就要抓紧时间，否则，就会被季节淘汰。"看到小月点头会意，凭她对文字的敏感，我想她懂得了我的意思。对于小月的小礼物，我总是欣然接受，我想她在用这种方式告诉我们：无须用怜悯的态度对待她。倘若我婉拒，她的自尊心恐怕要受到伤害。而我也会时常回馈她，冬天的围巾、手套，春天的遮阳帽和夏天的雨伞，师生间的情谊在小小的物品间"流动"。

升入新的年级后，小月离开了我的视线，但我们的联系并没有中断。我常常借书给小月，她读完后我们再一起交流。除了适合初中生阅读的散文《风会记得一朵花的香》《有美一朵，向晚生香》《看见平凡》等，《三体》《人性的弱点》也是我们共读的书籍。是书的滋养让小月获得了亮丽的生命底色，让她练就了强大的心理，不至于在压抑的生活中迷失方向。《你当像鸟飞往你的山》是小月毕业时我送给她的礼物，并附上了一枚手写书签："从原生家庭中汲取力量，向光而生，让自己拥有回馈爱的能力。"与公办高中擦肩而过的小月向我征求择校的意见，我经过多方打听和考察，最终帮助小月选择了能继续深造的大专学校。五年大专结束后，升入本科的小月第一时间与我分享喜讯。成功当选团支书，参加演讲比赛得了一等奖，勇敢尝试参加文艺会演……小月的好消息频频传来，大学生活仿佛为她打开了人生的另一扇窗户。在祝贺她的同时，我总是盛情邀请她毕业后和我做同事。希望我的暗示能够帮助她成为更好的自己，而我也一直期待着那一天的到来。

自助者天助，自强者恒强。当身处黑暗时，我们不能一味地期待别人能为自己向上出一把力，只有自己为黑暗中的自己打开一扇窗户，才能尽情享受新鲜空气和照进生命的阳光，见到最美的人生风景。一切我们想要的样子，都要靠自己去雕刻。

第二章

在活动中，创设育人契机

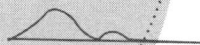

承包任务以代偿
——我们班的创意"惩罚"

在班级管理中，很多班主任会用恐吓、训斥、呵责学生，向家长告状，或者让学生抄写班规等方式来惩罚学生，这些方式简单、粗暴，不仅会挫伤学生的积极性，还会使师生关系僵化，甚至降低学生的学习热情，给学生的心灵造成严重的创伤。

惩罚原本的意图是通过负强化，避免学生犯同样的错误，警示其他学生，从而督促学生养成良好的行为习惯。我在班级管理中采用承包任务代偿的方式，让犯错的学生想方设法为班级做出贡献，弥补自己犯下的错误，将功补过。这样的"惩罚"方式同样能够达到警戒的目的，同时也保护了学生的自尊心，使学生易于接受，收到了不错的效果。

小馨是个很爱打扮的女孩子，开学分班的那天我就注意到她打了耳洞，并且戴着一对银质耳钉。看耳洞的样子，并不像是刚打的，难道之前的班主任没有注意到吗？为何没有给她的行为纠偏呢？带着这样的疑惑，我把小馨叫出了教室，明确地告诉她，戴耳钉不符合中学生日常行为规范，严重违反了校规校纪，并且给她提出了建议：可以将耳钉更换成茶叶棒，既能保留耳洞，又符合中学生的仪容仪表规定。我的语气严厉且坚定，不容置疑更不容反驳。刚开学，学生还是希望维护好自己在老师心目中的形象的，加之我尊重她在先，没有当众批评她，而是把她叫出来单独谈话，所以第二天小馨立马将耳钉换成了茶叶棒。

我为自己简单严厉的批评收到了良好的效果而感到得意，没想到周末却接到了小馨妈妈打来的电话，说孩子的耳朵因为过敏已经肿了，不能继续戴茶叶棒了。听到家长的话，我立马意识到，家长不过是孩子搬来的"救兵"。我是当面揭穿她好呢，还是采取权宜之计呢？这时，我想到了前任班主任对我的提醒：小馨的任性常常让父母头疼，父母又不会教育孩子，用溺爱和娇惯助长了孩子的任性；而且小馨的妈妈也很爱美，将大多数的时间和精力都花在穿衣打扮上。想到这些，看看眼前，师生情、家校情都没有建立起来，我想我也不可能叫醒一个装睡的人，索性暂且包容了她，继续等待教育的时机。

开学第二周，报送给学校的材料比较多，小馨便主动帮助自己的好朋友生活委员去德育处送材料，恰巧被德育处老师发现她戴了耳钉，因此我们班被扣了 5 分。回到教室，小馨主动找到我，承认了因为自己导致班级被扣分的事。虽然她认错态度很好，但是班级的考核分数毕竟被扣了，而且不是个小数目，这直接影响了班级考评和期末评先选优，为此她必须给全班同学一个交代。于是，小馨带着对全班同学的愧疚开始按照班里的规矩办事——"承包"任务，弥补错误，努力加分，绝不扣分。小馨说："老师，这两天咱们班的后柜卫生扣分了，下周我做一周卫生值日班长，负责督促值日生打扫后柜吧。"我爽快地答应了，并且提出明确的要求，本周班级卫生得分必须年级第一才算代偿完成。

这一周，每天早晨到校后，小馨的眼睛都牢牢盯住班级后柜，谁的水杯放在小柜上忘记拿走了，她就先收进自己的小柜里，课后再积极去寻找杯子的主人；哪个值日生迟到了，打扫不及时了，她心急如焚，甚至亲自动手代替值日生打扫；学生会的同学来检查卫生了，小馨便紧紧地跟在后面，生怕出一点儿纰漏，直到学生会同学满意地点头离开之后，她才如释重负地回到自己的座位……承包后柜卫生任务，让小馨深刻地体会到被扣分是很容易的，可是想要维护好大家共同的劳动成果却很不容易。这一周虽然我们没有做到一分不扣，但可喜的是，小馨如期完成了任务。周五的班会课上，小馨分享了她的体会，她说："这一周的承包任务，让我懂得了珍惜集体的劳动成果，只有人人都做好自己的事，管好自己，我们班才能越来越好。以后我会继续严格要求自己，再也不让班级扣分了。"

从那天起，小馨悄悄收起了银质耳钉，换成了茶叶棒，而我再也没接到小馨妈妈打来的"求情"电话。

成长就是不断试错的过程。我们应该允许学生犯错，给学生试错的机会，相信学生可以通过自己的努力改正错误，并且从错误中汲取成长的教训。《正面管教》中提倡将错误变成学生学习的机会，将惩罚变成鼓励，使错误发挥出更大的价值。让我们不断探索新的创意惩罚方式，使学生的错误形成长期的效应，使学生从错误中获得受益终生的成长。

引领小团体
回归大家庭

　　下课铃声一响，学生们便喜欢三人一圈、五人一伙地聚集在一起，或激烈地讨论课堂上的疑难问题，或谈天说地，放松休息。而我注意到，总有几个孩子一下课就凑在一起，不知他们在说些什么，个个眉飞色舞，气氛神秘。眼见着他们眼睛放光、神采飞扬，可偏偏只要我稍一走近，他们便立即缄口不言，四散而去。我和颜悦色地表现出很感兴趣的样子，问："大家刚刚在讨论什么？"调皮机灵的孩子会避重就轻，戏谑一下："老师，我们什么都没说。"见我不相信，露出狐疑的表情，聪明的孩子立即撒了个谎，补上一句："老师，我们在讨论下节课上什么。"我察觉到这些孩子一定有什么事瞒着我，不想让我知道，而且已经形成了比较浓重的风气。"冰冻三尺非一日之寒"，这个小团体发展到现在，若不及时干预，必定"后患"无穷。

　　既然孩子们不愿意开口，那么我再多问也无济于事。我开始盘算着如何"打入"这个团伙内部。"这还不简单，把那几个孩子叫过来，问一下不就行了？"同办公室的老师支着儿，"要是再不承认就逐个击破，挨个单独审一遍。"虽然同事说的方法能够快速解决问题，但我不敢苟同。一旦孩子们商量好了结成同盟，横下一条心来，谁都不说，必然会激发师生之间的矛盾，那么到时我该如何收场？而且，这样一来，就将这几个孩子死死地捆绑在了一起，并把他们集体推向了老师的对立面。倘若这个小团体与班级主流离心，再受到不良诱惑，那后果将不堪设想。而且，就算逐个击破，有的孩子承认了，真相能够水落石出，但是天底下没有不透风的墙，这个孩子一定会被当成"叛徒"，受到大家的排挤，那他又该如何与其他同学相处下去？我不能这样做，这件事必须慎重。

侧面了解，密切关注小团体

学校里，最能让孩子们表现出最真实的自己的就是体育课了，彼时孩子们心情放松，既能自由走动又有交流的机会。于是，我和体育老师达成一致意见：课堂上多给出五分钟的自由活动时间，了解孩子们的兴趣点以及这个小团体的全部人员。果然不出我们所料，两节课的时间，我们就发现了孩子的兴趣点集中在一款流行的网络游戏上，一起玩的孩子多达六人，且人数仍有增加的趋势。这六个孩子同在一个卫生小组，平时接触比较多，他们的共同点是特别聪明，但学习习惯不是很好，而且家长的工作都比较忙，下班时间都比较晚。于是，一方面，我单独和六个孩子的家长沟通，叮嘱家长多关注孩子晚间的学习情况和睡眠时间；另一方面，和卫生委员协调，让他趁着月末对班级卫生责任划分做出调整，不要将六个孩子分到一组，并多多发现他们劳动方面的闪光点；我还找到各任课教师，请他们多关注这几个孩子最近的学习情况。当然，为了不"打草惊蛇"，我和他们达成一致意见，什么也不说，只是不动声色地默默观察。就这样，班级、家长共同密切地关注着几个孩子的动向。

放大优点，积极引导小团体

"老师，陈同学今天来得很早，我只提醒了一句，他就第一个去打扫卫生了。""孙同学昨天晚上的作业完成得出奇的认真。"听着卫生委员和语文老师的反馈，我心里别提多高兴了。我选择的这两个孩子都是小团体中的核心人物，捕捉到他们的这些优点，我就能将它们放大。晚些时候，我隆重地对他们进行了的表扬，让这两人连同其他受表扬的同学一起站到教室前面接受大家的掌声。随后，我语重心长地说："一个人做一件好事容易，难的是一辈子做好事。学习也是这样，坚持一天容易，难的是一直坚持下去。希望明天仍然能看到这些同学的进步。"平时没能引起老师过多注意的陈同学、孙同学备受鼓舞，干劲十足。

我们关注什么，便会收获什么，这是罗森塔尔效应给我们的启示，越是给予孩子肯定和鼓励，孩子越是会朝着我们期望的方向发展。持续的进步，使两个孩子成为班级里的榜样，也成为他们小团体的骄傲。能为班级多做贡献，不放弃学习，哪怕只是进步一点点，也成为这个小团体共同的价值追求。

价值引领，适时纠偏小团体

这周的班会课，我调整了原来的计划，并精心策划，对学生的交友问题进行引导。我找到了历史上的名人故事和名人名言，让孩子们知道，真正的朋友不是单单与自己志趣相投的人，而是能够相互扶持，共同成长，能够勇敢地指出自己的缺点并帮助自己改正的人。接着，我让孩子们自我反思：在我们班中，你有没有真正的朋友？你自己是不是一个净友？最后，班级内进行交流。虽然那六个孩子没有都站起来分享，但从他们若有所思的眼神中，我看出了他们审慎的自我反思。后来，我又有针对性地召开了"我的时间我做主""谁的青春不迷茫（我和我的游戏朋友）"等主题班会课，对班级整体进行引领。后期又经过家长们的跟踪反馈，我得知孩子们玩游戏的时间明显减少，慢慢地，这个小团体顺利地回归班集体的怀抱。

小团体的转变不禁让我想起寓言故事《南风和北风》：北风采用发威的方式，结果行人把大衣裹得紧紧的；而南风却不动声色，徐徐吹动，行人纷纷解开纽扣脱掉大衣，于是南风获得了胜利。"南风法则"启示我们：在处理与偏差小团体的关系时，要特别注意讲究方法，老师温暖的关心、鼓励胜于严厉、不考虑后果的武断批评；只有尊重他们，让他们感受到老师和班集体对他们的接纳，才能让偏差小团体投入班集体的怀抱中。

教会学生
"乖乖听话"

"王老师，学生都是随机分班的，怎么我们班'刺儿头'这么多，你们班的孩子就那么听话懂事？"一位年轻班主任处理完学生问题，紧皱着眉头向我请教。工作中我们会发现，有的班级中总会出现几个跟老师对着干的孩子，而有的问题学生自从跟了某位班主任，就会变得乖巧明理。其实，这还是要看班主任的管理智慧。

承诺和一致：坚持下去才有尊严

承诺和一致原则告诉我们：我们一旦做出了某个决定或者选择了某种立场，就会面对来自个人和外部的压力，迫使我们的言行与承诺保持一致。这一原则启示我们，只要班主任当好学生进步的助推者，把学生带到正确的轨道上，学生自会在承诺和一致性心理的驱动下保持高速"运行"。

2021 年寒假，受疫情影响，学生提前放假，假期时间多了近一周，并且很多校外辅导机构将线下课堂转移到线上进行。在这种情形下，学生很容易迷失在手机和网络中，不能自拔，不仅影响成绩，而且对健康不利。为了让学生在寒假中依然保持每天体育锻炼1小时的良好习惯，我带领学生发起了"21天3公里线上体育打卡"活动。放假前的班会课上，我现身说法："老师之前也参加过21天运动打卡活动，不过那次只要每天步行满8 000步即可。这一次，老师决定要做大家的榜样，每天跑步3公里，并将时间控制在20分钟以内。我这样的年龄，寒假期间每天读书，每天至少写一篇3 000字的文章，其实也很有压力。但是老师觉得，既然已经说了要做，就一定要想办法克服困难，坚持下去。相信同学们一定比老师还厉害。"在我的动员下，全班同学都参与了21天3公里挑战赛。我们在班级群中向家长隆重地宣布活动内容、活动形式，每个同学都写下了挑战书。我们都想给别人留下言行一致的良好形象，便只顾风雨兼程地坚持。最终，所有参与者都顺利完成了每天的打卡。

短缺：拼尽全力得来的才是最好的

当某种东西变得短缺时，我们会更想得到它。当我们必须通过竞争才能得到它时，我们想得到的愿望会更强烈。这一心理现象启发我们：班主任在奖励学生之前，要懂得"饥饿营销"，激发学生的潜能。

寒假期间，我们划分了11个4人学习小组，组长负责收作业、督促组员学习。为了调动组长的积极性，我在组长群里公布了优秀组长选拔标准：初中阶段最后一次颁奖仪式将于寒假后举行，本次将设立8个优秀组长名额，根据假期各小组的表现打分，组员每认真上交1次作业计1分，得分排名前八的组长可以荣获"优秀组长"荣誉称号，并在诚信档案中获得10分的奖励。虽然组长们表面上风平浪静，但是在与家长的沟通中我得知，小组长们为此可谓费尽心思：有的小组长每天定时开视频会议，召集组员一起学习；有的组长亲自致电组员家长，赢得家长的支持；有的组长甚至模仿老师，在组内发起了优秀组员的评选活动……真可谓使出了浑身解数。

在"优秀组长"荣誉称号的推动下，组长们发挥了巨大的作用，就连那些平时让老师很费脑筋催交作业的孩子，在寒假中竟然保持了学习的积极性，班级学习气氛十分浓厚。

所谓的"乖乖听话"，不是让学生麻木地接受一切，而是让学生在潜移默化中与班级主流保持同频，并且挖掘他们每个人的潜能，帮助他们养成良好的意志品质，保持良好的行为习惯。没有哪个孩子生来就是问题学生，如果我们还没能转变他，可能是因为我们的教育智慧还不够，方法还不对。我们只有运用好心理学技巧，才能让孩子"乖乖听话"。

仪式感，
激活班干部群体活力

一个班级要良性发展，班干部换届是必不可少的。充满仪式感的换届竞选既能让班级管理平稳过渡，又能激发班干部群体的活力。

竞选仪式

竞选正式开始前，我会提前一周发布班委换届通知，明确此次竞选的要求和流程，让有意参加竞选的学生做好准备。为提高学生对竞选的重视程度，我还规定每位参选者都要发表竞选演说，并准备好演说稿。

竞选时，我会请全体任课教师参加。全体同学和教师匿名投票，监督员现场唱票、计票。如有相同的票数，则需要二次演说、二次投票，最后公布竞选结果。竞选现场热闹而紧张，我还会专门请学校宣传处的老师帮忙拍照、录制视频。竞选结束后，我会将这些精彩的照片和视频制作成美篇，分享到班级群中，让家长领略孩子们的风采，参与孩子们的成长。

隆重的竞选仪式让换届成为班级的一件大事。学生感受到机会来之不易，上任之后也会更有责任感和担当。

交接仪式

新旧班干部交接仍然需要仪式。交接仪式上，新任班干部会领到一份聘书，聘书中夹着一张个人承诺书。新班委要面向班徽，面对全班学生和任课教师庄严宣誓，宣誓后还要在承诺书上签上自己的名字。

卸任的班干部会收到一封感谢信。感谢信出自班主任，是"私人订制"。班主任代表全班同学感谢这些老班委为班级所做的贡献。

老班委将自己工作以来的"班级日志"交给新班委，日志的第一页是班委职责，具体到晨、午、晚的各项事宜，后面是班委的工作记录，这大大缩短了新班委的工作适应时间。交接仪式上，我会特别提醒大家要克服一种错误思想——很多管理者非常乐于看到自己离开职位之后情况变得糟糕，以显示自己的能力高于接班人。班级建设靠大家，新班委是在老班委的帮助下适应工作的，新班委上任后的表现同样体现着老班委的价值。

交接仪式一方面做好了老班委的"断舍离"，日后能更好地配合新班委的工作，另一方面加强了新班委的心理建设，鼓励他们积极面对工作中的困难。

例会仪式

每周班会课前一天，我都会召开班委例会。例会能够帮助班干部树立威信，也能为班委在班会课上的总结把好关。

每周例会分为三部分：总结上周工作；规划下周重点，讨论需要其他班委配合的工作；表扬自己的进步之处。而班会课上则把最后一部分改为表扬同学们的进步。班干部需要用慧眼、包容的心去发现他人的进步。同学的进步一旦被班干部发现，并被点名表扬，该同学就会更有前进的动力。在例会的推动下，整个班级保持着积极向上的状态。

《小王子》里说过，仪式感是经常被人们遗忘的事，它能让某一天与其他日子不同，让某一时刻与其他时刻不同。班委换届仪式看起来烦琐，甚至会耗费大量的时间和精力，但是对班级管理的价值很大，再隆重也不为过。

巧借心理学效应
激活家长群

  家校合作很大程度上要依靠家长群。然而，现实中，家长群却常常面临着窘境。有的家长群"萧条冷落"，老师们在群中例行公事地反馈着学生的在校表现，家长们简单地回应一句"收到"，或者客气地回复"谢谢老师"，除此之外，没有任何活力，家长群俨然变成了通知群。有的家长群虽然活跃，却又让身处其中的家长感到压抑、窒息。我曾亲眼见过办公室的同事犹豫再三、战战兢兢地打开上高中的儿子的家长群，她惆怅地说道："每次儿子的家长群有响动，我都要仔细回顾一下这几天儿子有没有犯什么错误，确认之后才鼓起勇气点开群消息。很多家长跟我一样如履薄冰，因为老师不仅在群中发文字、发图片，还经常发大段大段带有强烈情绪色彩的语音。"听着同事的描述，看着同事紧锁的眉头，想着同事那优秀的儿子班级翘楚的位置，我想，其他家长只会比她更胆战心惊。这样的家长群或许能够争取到家长的配合，但未必能达成家校同心一致的合作。如何激活家长群呢？我在实践中借助心理学效应，做了一点儿尝试。

借助首因效应，留好第一印象

首因效应反映了最初接触到的信息给人们留下的印象对人们以后的行为活动和评价的影响。第一次交往给人留下的印象在对方的头脑中形成，并占据着主导地位，这种效应即首因效应。第一印象虽然不一定是正确的，但是最鲜明、最牢固的，并且决定了以后双方交往的进程，"良好的开端是成功的一半""先入为主""新官上任三把火"等都体现了人们对首因效应的重视和利用。

班级组建之初，是家长最关注家长群的时候。他们第一次与班主任"云端相见"，一定带着打量和期待的目光审视着班主任，并将其对班主任的印象同孩子回家后描述的新班主任相比较。那么，班主任应该如何闪亮登场呢？我认为，班主任严慈相济的第一印象既能赢得家长的亲近又能让家长树立起这样的信心——"这个班主任一定能教育好孩子，管理好班级"，从而放心地把孩子交到我们手中。

尽管开学第一天的工作千头万绪，但我一定会想方设法抽出时间，首先拍摄一张班级的全家福，并将它设置为家长群的头像。这样，每个家长在申请加群时就能看到照片中自家孩子的身影，家长立马就会有归属感。家长感受到班主任的用心，对班主任的好感度自然会上升。其次，我会将早已斟酌好的群规发布到群公告中，让每个家长都能知晓。严控群纪律，什么话题可以在群中发布、讨论，什么话题适合私聊班主任或任课教师，都有明确的要求。正所谓"先小人，后君子"，严格的群规对于后续家长群的使用、家校合作的顺利开展有着重要的意义。最后，我会与家长沟通自己管理班级的理念和方法、班级目标、奖惩公约等，使家长对班主任及其管理风格有初步的了解，为畅通的家校合作打下良好的基础。

借助单纯曝光效应，让家长变成"自己人"

单纯曝光效应又叫多看效应、暴露效应、接触效应，指的是我们会偏好自己熟悉的事物，某样事物出现的次数越多，人对其产生的好感度也越高。以商业广告为例，如果某一商品的广告经常在电视、广播、广告牌中出现，那么，消费者常常会对该商品做出不假思索、自动化的偏爱反应。再如，人们对"面熟"的人，更容易产生亲切感。班主任如果能够用好单纯曝光效应，往往能够赢得家长的好感，促进家校合作顺利进行。

班级组建之初，孩子的点滴表现我都会拍照传到群相册中，无须用过多的言语增加自己的"曝光率"。家长们看到孩子课堂有序、课间有趣、午餐丰富、午觉香甜，一定会隔着屏幕绽放出满意的笑容。开学初，我偶然看到小馨妈妈的朋友圈。说实话，小馨的妈妈是我一直重点关注的家长，因为前任班主任曾经语重心长地提醒过我，小馨妈妈在做学校组织的满意度调查时，常常喜欢发表自己独特的看法，不太好"团结"。小馨妈妈下载了两张我传到群相册中的照片，发布了一条朋友圈，照片的内容是孩子们放学后教室里整齐摆放的桌椅和教室外井然有序的路队，让我意外的是小馨妈妈的配文，她说："习惯是从小事做起慢慢养成的，学习也一样。妈妈对你充满信心，初中最后一年，加油吧！"即便孩子不那么优秀，甚至有不少缺点，小馨妈妈依然对孩子的初四生活充满了信心，我想这种信心很大程度上来自对班主任的信任。当然，能争取到小馨妈妈的配合，我所做的远远不止这些。

运营公众号"教室里的那些事"

刚开学时，我为班级申请了一个微信公众号"教室里的那些事"，我专门给小馨写了一篇文章，配上小馨的生活照，使她成为班级公众号的主角，孩子和家长都很兴奋，也很感动。这一年来，学校邀请家长驻校协助工作，小馨妈妈总是第一个报名，十分热情。当我在群中向家长表示感谢时，小馨妈妈说："老师，咱们都是自己人，您不必客气。"中考前一个月，我们班召开了初中阶段的最后一次家长会，家长会是自愿报名的，小馨妈妈毫不犹豫地报名参加。小馨妈妈的一句"自己人"，拉近了家校之间的距离。如果每一位家长都把老师当作自己人，又何愁家校不能同心、家长不配合呢？

利用班级活动"我为你点赞"激活家长群。 活动中，家长、学生、老师都可以为别人点赞，点赞的对象可以是班级中、家庭中的任何人。我首先为家长做了示范，将我为班级中的几个孩子和任课老师点赞的话和配图发到家长群中，让家长了解优秀孩子的在校表现，同时也更能体谅老师的辛苦不易。点赞活动中，老师也能了解到孩子更多的侧面。或许有的孩子在学习上表现不是很突出，在学校表现一般，但在家庭中却是个小暖男。其实，这些也是积极语言的渗透和影响。活动中，亲子关系、师生关系、家校关系得到了很大的改善，家长和老师就好像一家人，其乐融融。

家长群中的照片点名。 进入冬季，爱美而不愿穿秋裤的少男少女常常让家长们头疼，这一点很多老师都知道。家长们常说："还是老师的话好使，我们说一百句也比不上您说一句。"不等家长求助，我就主动行动起来了。这天，我突击检查，让孩子们将裤脚往上搂，把脚踝露出来，我给那些没有穿秋裤的孩子一一拍了照片，在班级群中进行了照片点名。孩子们灿烂的笑脸哪里有一点儿被批评的尴尬？家长群中迎来一片叫好，家长们纷纷表示，回到家终于可以打着班主任的旗号，底气十足地告诉孩子"明天一定要穿秋裤，老师要检查的"！孩子们也能欣然接受。这样的"曝光"出于对孩子无微不至的关爱，解了家长的燃眉之急。让家长满意，甚至是感动，家校合作的天空必定是一片明朗。

外出学习时，我和学生要短暂地分离。每次学习的日程总是满满的，没有时间和契机为学生挑选礼物。有什么办法既能表达我对孩子们的牵挂，又能让他们感动呢？我在家长群中联合家长，用一张卡片传递真情。

我提前从网上买了出差地的明信片，在家长群中发起倡议：各位家长，现在征集"孩子，我想对你说"的家长寄语，给大家表达心声的机会，由我来代笔，写在明信片上，相信这张凝聚着老师的牵挂和家长祝福的卡片，一定会给孩子大大的惊喜，成为孩子美好的回忆。让我们一起加油，努力成为孩子们心目中"别人家的家长"和"别人班的班主任"。倡议一发出，就得到了家长的积极回应。学习回来的第一天早晨，我早早地来到教室，把这些卡片轻轻地放在孩子们的桌角，希望他们一进教室就能被满满的爱包围。孩子们情不自禁地发出"哇"的感叹，有的孩子看着爸爸妈妈的话陷入沉思，还有的泪眼婆娑……无论何种情态，我相信这份小小的礼物都给他们的生活创造了惊喜，增添了动力。我将家长写的感人的文字截取出来，和孩子们一起分享；发到群中，和家长们一起分享，从中汲取能量。

一篇小作写真意。老师外出学习，对学生来说是一次难得的体验，将感受诉诸笔端，一定会凝成饱含真情的文字，写成一篇篇鲜活的文章。

> 班有老师，其教语文，容貌姣好，身材娇小。课上化而为魔，抽小测，授课文，发奖励；课下转而为仙，声音细腻，笑口常开。
>
> 天高气爽秋日暖，诸多老师来代课，老班不在心情爽，本以为美好生活就此始，何曾想是暴风雨前的片刻宁静，难。
>
> "这节体育课改上语文。"熟悉的声音传入耳，伴随的是同学们不满的议论。问及为何如此来安排，"下周我有事，临时换一换，下周体育上个够。"暗自窃喜，心里打着小算盘，这周体力不消耗，下周语文减半，妙！
>
> "美好生活"如约至，一周作业已窃得。上课铃一响，陌生身影入教室，打听老师何方神圣，教课怎样，凶比娜姐又如何？奈何老师无介绍，单刀直入讲新课。提心吊胆一整节，提问连连，花样百出，抄起名单，点一点二点麻花……空气凝固，气氛压抑，好似阎王提笔修改生死簿。平和声调忽高起，比跳楼机还刺激。刺透

阴沉和困倦，难难难。

思来想去，还是怀念旧时她。一周时间尤漫长，身体精神俱被压，繁多体育如猛兽，撕扯肉体不放松。

盼望着，盼望着，周五到了，吾师归来日还会远吗？期待旧时课堂，讲解细致，内容全面；抽小测，巩固知识，增长学识，考取好成绩，妙妙妙。

饮其流者怀其源，学其成时念吾师。

——学生　小阳

果然不出我所料，直到晚上放学也没看到语文老师，作业是课代表布置的，课代表虽然知道这一周所有的作业，但只布置了当天晚上的作业。在写语文作业时，我进行了一番思想斗争：写还是不写？我有点儿想偷个懒，懒惰战胜了勤奋。可是第二天早晨我就后悔了，早早起床把作业补上了。因为我知道，我们科长和课代表是最有影响力的了。如果我们不写语文作业，那些贪玩的同学肯定会想：语文科长和课代表都不写，我不写也没关系。语文老师不在的日子，同学们的作业质量有一定的下降，但还好另一个语文课代表抓得紧。

已经一周时间了，今天老师应该回来了，我在座位上查着作业，每查几份就往后看看，语文老师总喜欢早早到教室，应该就快来了。哈哈，老师果然如期而至，我拿起作业单向老师讲述作业情况。讲完之后老师夸了夸我，虽然当时的我面无表情，但其实我的内心早就开心得不得了了。

——语文课代表　小辉

小阳在班级中学习成绩处于中下游，刚开始写不完一篇作文，但是这篇文章写得多么有特色啊。一句"饮其流者怀其源，学其成时念吾师"，情感多么真挚。语文课代表小辉其实并不擅长语文，甚至不太擅长学习，但平时协助老师收发作业、小测，有了真实体验，所以写出了这么细腻温暖的文字，这让我感受到一个满心雀跃却羞于表达的小男孩的形象。我把这些文章整理好，发到家长群中，家长们满是欣慰——原来，我的孩子也可以这样优秀，也可以写出这么棒的文章，也可以被立为标杆和榜样。如此一来，家长便不再对老师的出差学习有意见，而是多了一份体谅和感动。

班主任在班级群中的"曝光率"应该是最高的，班主任是班级管理的主要责任人，也是所有任课教师中最熟悉孩子的人。大到孩子的家庭情况、成长经历，小到孩子的饮食喜好、喜怒哀乐，班主任越是了如指掌，越是细心，越能让家长感受到老师就像自家人一样关心孩子，这样的"曝光"越能赢得家长的信任和支持，从而形成家校共育的合力。但是，也要注意不要引起"超限效应"。"超限效应"就是某种刺激过多、作用时间过长所引起的不耐烦或反抗心理。因此，我们不能将未经梳理的内容，不假思索地发到家长群中，而要让我们的每一次"曝光"都有价值，有效果。

借助放大效应，鼓舞士气，扬起自信

我所在的学校是一所乡镇中学，70%的学生是外来务工人员的子女，学校有 82 个教学班，学生 3 600 余人，但是有高中及以上学历的家长仅占 4%，绝大部分家长忙于生计，无暇顾及孩子的成长，更谈不上科学的指导，很多孩子在身体素质、学习习惯、意志品质等方面都存在不同程度的偏差。面对老师的反馈、孩子的问题，家长常常采用简单粗暴的方式应对。在这样的情况下，老师如果只关注孩子的缺点，必然导致"家长更加粗暴——孩子更加糟糕"的恶性循环。现实中，有的教师总是抱着替人纠错的心思，揪着孩子的缺点不放，似乎教育中只要发现了孩子的错误，就可以对优点视而不见。然而，我们如果换一个方向，将孩子的优点放大，在家长群中公开表扬，给那些备受责难的孩子一点儿温暖、一些欣赏、一次鼓励，即使不能彻底改变他们，也可以唤醒孩子，让他们慢慢展示出清澈、善良的一面，同时使家长受到鼓舞。

小涵性格内向，学习能力比较弱，家长对这孩子漠不关心，即便是雪天停课时汇报孩子安全到家的情况、社保缴费这样涉及孩子切身利益的事，小涵的爸爸也都是最后一个回复。我想这样的家长一定和孩子一样，在前几年的学习生活中屡遭挫败，产生习得性无助了。于是，我刻意捕捉小涵表现优秀的瞬间，不动声色地在家长群中进行汇报，例如："今天卫生大扫除，孩子们将自己的责任区打扫得一尘不染，本次评比，咱们班稳稳地获得第一名。"我特意将卫生大扫除的场面发到群中，小涵细心擦黑板的身影定格在 C 位。

小涵完成的家庭作业正确率不高，但书写一直很工整，卷面整洁，让人赏心悦目。我将小涵的作业放在家长群中进行展示。经过几次精心"铺垫"，当小涵的爸爸从家长群中私聊我，请我帮忙传递消息时，我便抓住机会，告诉家长："虽然小涵内向，平时话不多，但是老师们都很喜欢他。开学初小涵还是信心满满的，最近的学习劲头远远不如以前了，咱们一起找找原因，最后一年，好好帮帮孩子。"家长回复道："老师，不瞒您说，看着小涵的成绩没什么起色，我原本已经打算放弃他了。听您这么一说，我也反思了自己，是我们做家长的做得不够好，我决定和孩子一起再努力一把。"从那以后，小涵再也不垂头丧气地低着头走路了，而是把头抬起来，脸上也有了笑容，小涵的爸爸也不是各项工作都等到最后才完成的家长了。

《正面管教》中有句名言："最惹人讨厌的孩子，往往是最需要爱的孩子。"家长也是一样，没有得到老师的关注，家长和孩子都缺少了努力下去的动力。我们既然抱定了一颗对学生负责的热心和责任心，期望着家校的完美合作，那么，就让我们共同努力，让所有的跋涉不再孤独，让所有的呼喊都有回音，让所有的美好都有赞赏的目光。

这些心理学效应和技术可能会赢得学生的服从，可能会维持家长群的平静，但只有这些，不能赢得学生和家长的心。"教育是以心换心的艺术"，"任何单纯依靠技法和手段的教育，无论做得多么完美，都难免会有貌合神离的尴尬"。除非，你用真心。

微写作，
让班级向善向美

微写作不同于传统意义上的作文习作，不求从审题、立意到选材、构思的精雕细琢，不求长篇大论、字字珠玑。微写作可以随时、随地、随事、随景、随性地记录生活点滴，针对一时一事抒发内心感受。在班主任工作中，我充分发挥微写作的力量，使班级氛围向善向美。

微写作拉近师生距离

师生关系是教育教学过程中最基本、最重要的关系。在班级管理中，班主任为了保持其在学生心中的威严，常常收敛着笑容，冷着脸，使学生想要亲近却不敢接近。微写作，通过有温度的文字传递师生情感，消除师生间的隔阂。

小慧是一个性格内向的小姑娘，乖巧懂事，常常受到老师表扬。升入初二以后，知识难度逐渐增大，小慧学起来有点儿吃力。为了维护在老师心目中的良好形象，一次语文小测时，小慧悄悄地打开了课本。从小慧得知被发现后露出的惊慌的表情中，我看出了她的惭愧和懊悔，她也从我的脸上看到了失望和伤心。如何既能教小慧正确地对待成败，又能保护孩子的自尊心呢？我决定给小慧写一封信，言辞恳切地表达对她的期望，希望她能诚实做人，正确地对待成败。第二天，我就收到了小慧长长的回信，她是多么害怕从此失去老师的信任呀。

每个孩子都会犯错，《正面管教》提倡将每个错误的价值发挥出来，让错误成为学生新的成长点。为了缓解小慧的精神压力，减轻她的思想包袱，我又给她写了一封短信："每个人都会犯错，老师也走过弯路。上学时，我曾因为懒惰没写完作业。虽然侥幸逃过了老师的检查，但是内心的自责实在让我太难受了。那次经历让我得到了教训，我也常常用这件事来警醒自己，永远保持勤奋，别让懒惰侵蚀人生。我相信这次经历、这些泪水和思考都会成为你人生中宝贵的财富，希望你能借此成长。你依然是老师心目中的好孩子。"看到课堂上小慧的眼神不再躲闪，能够正视我的目光，看到小慧的脸上重现笑容，我知道，小慧通过这件事获得了精神上的成长。

每当学生学习上遇到了困难、同学关系遇到了障碍，我就是他们真诚的听众、知心的朋友。微写作，拉近了我们之间的距离。

微写作倾诉心声

在众多关系中，同伴关系是一种重要的社会关系，在青少年的发展过程中具有成人无法替代的独特作用和重要价值。有的孩子在同伴关系中处于弱势，常常遭受同伴的欺凌，而施暴者也并非十恶不赦，只是因为他从未体察到受害者的心情。如果能让施暴者倾听一下受害者的心声，欺凌行为也许就不会再发生。

小航从小听力不佳，要借助人工耳蜗才能正常交流，这一缺陷影响了孩子的语言表达能力。他的发音不够准确，说话声音也很大，常常在无意中引发同学们的哄笑，小航也因此受到同学们的嘲笑和歧视。小文、小荣和小航在初一、初二时是同班同学，到了初四虽然分班了，但是小航仍然没有摆脱他们带来的阴影。在处理三个孩子的矛盾时，我让小航写了一段话，表达自己被欺负时的内心感受，小航说："体育课是大家最喜欢的课。我们可以在灿烂的阳光下，在宽阔的操场上尽情地奔跑。可是，和你们一个班时，体育课却成了我最不喜欢上的课。自由活动时，你们常常把排球扔来扔去，可排球总是看似无意地打到我身上。我知道即便老师制止你们，你们也会说不是故意的。可是，你们知道吗？我多么想跟其他同学一样大胆地享受阳光，毫无顾忌地奔跑，不用担心随时砸来的排球。我多么想不必故作镇定，不必强颜欢笑，掩饰内心的痛苦，我多么想享有和你们一样的做人的尊严。"看了小航的内心告白，小文和小荣羞愧地低下了头。他们没有想到自己仗着体形高大、人多胆大所做的恶作剧行为，会给同伴带来那么大的伤害。反思之后，小文和小荣真诚地向小航道歉，并且成为小航最忠实的保护者。

小小的一张纸，承载着浓厚的感情，连接着孩子们的心灵，这些文字的力量胜过老师说教的千言万语。微写作，化干戈为玉帛，拉近了同伴之间的关系。

微写作放大点滴优点

班级氛围的营造需要精神文化的引领。我在班级中开展了"小鱼银行·情感储蓄"活动，巧借微写作的力量进行班级管理，营造班级向善向美的精神文化氛围。

活动中，学生随机选定一名同学，默默观察对方一周，到周五时，用细节描写的方式写出被观察者的优点，在全班交流。在"小鱼银行·情感储蓄"活动开展的过程中，学生知道每天都有一位同学在关注自己，就会格外注意自己的言行举止。同时，这种被关注的感觉满足了青春期孩子渴望被关注的心理，成全了青春期孩子随时随地想要展示自己的愿望。最重要的是，在这一活动中，孩子们学会了发现并赞美他人的闪光点，成了善表扬、乐表达的人，从而拥有了更加细腻、丰富的情感体验和情感积累。该活动的开展，使学生之间的关系更加融洽，班级朝着至善至美的方向发展。

"五育"并举，
渗透道德教育

　　苏霍姆林斯基曾经说过，教育的意图越隐蔽，越能被教育者所接受。教育的根本目标是立德树人，任何教学活动的开展都应为立德树人服务，而教育的意图应该潜藏起来，在"五育"中渗透德育。

以智育德

　　智育是学校教育中的重要内容，德育应该渗透在智育的全过程中，不应该孤立存在，不能仅由班主任或者德育处负责。在智育中渗透德育是各个学科教师共同的使命。

　　（一）师徒结对，建立帮扶班级

　　在我的班级中，学生之间不仅仅是同学关系，还是师徒关系。你如果欣赏某个同学的优点，想要向他学习，那么可以主动申请成为他的徒弟。如果发现班级成员有不良习惯，你也可以主动请缨，担任他的师傅。学徒期由师徒两人共同商定，在师徒考评中达标者，可获得相应的证书。这样的师徒结对活动使学生在班级中形成一种相互学习、互相帮助的成长状态。

（二）开展经典诵读，继承传统美德

为弘扬中华民族灿烂文化、发扬中华民族的传统美德、守护中华民族共同精神家园，我们班确定了以《弟子规》为诵读内容的一日两诵规则。班里的学生声音洪亮、激情满满。在诵读中，学生们不仅能够诵其音、明其义，更能悟其神。在诵读中领悟经典文化的思想内涵，在日常生活中自觉履行先贤教导，学生们都可以成为彬彬有礼的谦谦君子和举止文雅的惠美女生。

以美育德

在美育中渗透德育，利用学校开展美育活动的契机，对学生进行道德教育，使学生保持不怕困难、积极乐观的心态和高昂的学习热情。

（一）学唱红歌，继承革命传统

向学生讲述中国革命历史，访问老红军等革命前辈，这样的活动固然能够将革命传统教育开展起来，但是教育的意图外显，也容易受到学生的排斥。我们班积极响应学校开展的"课前一支歌"合唱活动，利用午间活动时间开展红歌合唱活动，全体任课教师踊跃参加，全体学生激情合唱。国庆节，学校举行了"青春少年心向党"的红歌合唱比赛。在比赛中，我们班队列整齐、气势高昂，饱含深情地演唱了《唱支山歌给党听》，取得了年级第一名的好成绩。唱红歌比赛后，嘹亮的歌声久久地回荡在校园里，学生的精神面貌焕然一新，革命前辈艰苦卓绝、筚路蓝缕的精神激励着每一个孩子。

（二）诗颂祖国，培育爱国热情

在国庆节到来之际，我在班级内部开展爱国诗歌朗诵活动，学生以小组为单位，自由选诗，自己配乐，自由排练，呈现了一场精彩的诗歌朗诵盛典。《祖国，我爱你》《我的自白书》《我骄傲，我是中国人》《我爱这土地》《祖国啊，我亲爱的祖国》《假使我们不去打仗》等诗歌朗诵感情充沛，配乐自然，学生激情饱满。尤其是第五小组朗诵的舒婷的诗歌《祖国啊，我亲爱的祖国》，把中国的山水画、沙画与朗诵完美地结合起来，带给全班同学强烈的精神震撼，并且代表班级参加了校级比赛，赢得了威海市第七中学"诗颂祖国，放飞梦想"朗诵比赛一等奖的好成绩。

以体育德

威海七中是威海市排球特色学校，已经连续 11 年荣获山东省排球比赛冠军，排球项目已成为学校一张闪亮的名片，我们学校每年都向威海市高中输送大量的排球人才。同时，女排敢于拼搏、团队协作的精神也在校园内彰显。

（一）刻苦训练，掌握垫球基本功

学校的体育校本课程——垫排球，从初一新生开始抓起，每个孩子一分钟垫排球 30 个才可以达标。初学垫球时，有的学生胳膊在排球的击打下变得紫红，疼痛难忍，产生了放弃的念头；有的孩子垫球水平长时间停滞不前，挫败感油然而生。这时，我组织学生观看电影《夺冠》，还观看了集结我们学校历年排球赛中精彩瞬间的视频。不仅如此，往届毕业生中的排球特长生也是学校德育班本课程的重要资源，他们的现身说法更能激发学生克服困难、永不言败的斗志。经过这样三个活动，孩子们士气大增，刻苦训练的劲头又鼓舞起来。

（二）小型运动会，包容德育大智慧

运动会是孩子们最为期待的活动之一，初四学生在学习的重压之下，要么面临着运动会被剥夺，只能听不能看，更不能参与的窘境，要么即便参与，也带着小测等学习任务，不能尽情享受、用心体会。在年级小型运动会上，我鼓励初四的孩子们暂且放下学习，彻彻底底地放松一下午，享受运动的快乐。

这场运动会设置了对墙垫排球、跳远、跳绳、6×400 米接力赛、4×100 米师生接力赛、拔河比赛六个项目。垫球、跳远、跳绳以团体的总成绩计算班级成绩；6×400 米接力赛队员前三棒是女生，后三棒是男生；4×100 米师生接力赛第

一、三棒是老师，第二、四棒是学生。本次运动会的宗旨就是广泛参与，人人体验，让初四学生留下珍贵的回忆，所以，规则很独特。参赛选手由随机抽号的方式产生，孩子参加的项目未必是自己的强项，最强的选手也未必能包揽所擅长的项目的所有奖项。孩子们的参与热情非常高。很多孩子是第一次参加运动会，难免紧张、激动，但是看得出来，每个孩子都是带着强烈的集体荣誉感参加的。运动会上，孩子们暗暗给自己打气，为彼此加油呐喊，得到了前所未有的体验。六个参加接力赛的学生为全场所瞩目，成为全班的英雄，师生接力赛更是将运动会推向高潮，从老师手中接过接力棒的孩子将终生难忘这一美好瞬间。

周末，学生们写了一篇作文，题目叫作"最后一场运动会"，记录着这场运动会给他们带来的精神成长。自告奋勇担任啦啦队队长的凡写道："我们用最响亮的声音大喊他们的名字，为他们加油。希望他们在 400 米跑道的任何一个位置都能听到，我想用加油呐喊告诉他们——你们并不是一个人在战斗，你们的身后还有我们！"原本参加接力跑，后来因为呕吐不得已让他人上场的东写道："这场运动会让我既遗憾又激动，我想人生中总会遇到遗憾，能够在场下为他们加油，看到我们班获得第一名，我的遗憾仿佛都化作了满足。"内向沉默，以前学习积极性不是很高的铭，看到班级荣获四张奖状，感慨道："一切的荣耀都来自平时的积累,越努力就会越幸运。"班长仪看到摔倒了又爬起来极力把接力棒传递下去的嘉,写道:"我的心仿佛被揪住了,耳边一片唏嘘声,后面的运动员眼看就要追上来了,他坚强地爬了起来,坚持要跑完,刚跑了两步又倒在地上,他那拿着接力棒的手一直向前方伸着,想要递给下一个同学。我被他坚强的毅力、强烈的集体荣誉感深深地震撼,心里的滋味真像是打翻了调料瓶一般,五味杂陈。平时,他在班里一点儿也不出众,就像一颗不起眼的石子常常被人忽略,但现在,他俨然化身为一颗璀璨的明珠,散发出灿烂的光芒。最后一场运动会教会我许多——奋力拼搏,坚持到底,永不言败。我会带着这样的信念,去迎接未来人生路上的一切挑战。"

学生们齐心协力、奋勇拼搏的精神强烈而持久地震撼着我,每个人的班级荣誉感都在这样的氛围中激荡着。

以劳育德

(一)一起读书,创设劳动氛围

《扫除力》一书中写道:扫除力这个词已经成为日本人的生活常识,它可以让你获得幸福人生,实现心中理想,加速成功的脚步!我将这样的观点传递给学生,一下子就吸引了学生的兴趣,有的孩子感到很新奇,有的孩子则表示质疑,于是我们一起读了这本书。

现在，书中的句子已成为我们班每个孩子都会说的话，这样的观点已深入孩子们的内心，孩子们在劳动中，自然不再拈轻怕重、挑肥拣瘦。

（二）班级劳动，人人积极参与

根据班级实际情况，我和孩子们共同制定了一系列规章制度，结合班情、学情创造性地开展"今天我来当班长""我是小小班会计""安全教育小卫士""卫生委员我来当"等活动，使班级内的每一个成员都能参与到班级劳动中来，并在参与的过程中增强自身的责任心。这样的管理制度调动了学生们自主管理的积极性，更让学生们感受到了劳动的价值。

四体勤、五谷分，以劳育德，收到了良好的成效。

孩子们将来都会走上社会，组成家庭，如果他们将来在工作中能做一个受欢迎、有责任感的人，在家庭中能做一个有担当、有魅力的人，我们就实现了立德树人的根本目标。让我们将"五育"并举，让学生在智育、体育、美育、劳育中受到德育的熏陶。

序列化班级活动，
　　只为帮你找到"它"

　　我所带班级的大部分学生是独生子女，他们童年时期的游戏活动主要由家长陪伴，因而并没有在游戏中培养起良好的人际交往能力。新学期分班之后，之前三年朝夕相处的同伴被迫分离，不在一个班级，同伴间的亲密度自然降低。在这种情况下，学生的人际交往需求得不到满足，以致很多学生存在着一定程度的人际交往焦虑。有的孩子在新班级中找不到新的同伴，经常沉默寡言；有的孩子不懂得与人交往的方式，想要获得同学们的好感却常常惹得对方讨厌。成功学大师卡耐基曾说，一个人的成功，85% 是取决于他的人际关系。于是，我设计了一系列班本活动，并在实施中不断完善，希望借此来帮助学生提高人际交往能力。

为班牌找主人——用微笑打破陌生

　　每次接手一批新学生，拿到名单后，我都会为学生设计制作专属的班牌，这枚小小的班牌是学生的初识记忆，班牌上的名字也会给别人留下不可磨灭的第一印象。如何发放呢？无论是让班长一个个发下去，还是由班主任亲自发到孩子手中，都起不到任何增进学生交往的作用。为了让班牌发放仪式成为打破学生之间陌生、尴尬状态的有力助手，我是这样操作的：在第一节班会课上，我将班牌发给临时选定的 6 个排长，让他们将 7~8 枚班牌随机发放给本排同学。然后我告诉孩子们，他们手中班牌的主人就在他们相邻的一排中，大家要用最短的时间找到班牌的主人，并且相互简短地介绍一下自己的名字、爱好、性格等信息。

活动一开始，活泼机灵的孩子便大喊一声："某某某，你的班牌在我这里，请速速认领。"逗得大家一乐。在欢快的氛围中，班牌发放仪式便开始了，每一枚班牌上的名字也深深地印在孩子们的脑子里。在邻排的 7 个学生中找到班牌的主人，这其实是比较容易的，重要的是在这个过程中孩子们至少会和另外两个人产生交往，这就让相邻两排的孩子迅速熟悉起来，也为后续的小组合作打下了基础。每个孩子的脸上都挂着笑容，微笑是世界通用的友好语言，或许学生们还有些拘谨，有些不自然，但是微笑和简短的介绍会给彼此留下珍贵且和善的第一印象，彼此陌生的坚冰在无形中被打破。

生日排序活动——用相似增加好感

心理学上的相似性原则告诉我们：我们喜欢那些与我们相似的人，不管他们是在观点上、个性上、背景上，还是生活方式上与我们相似，都会使我们对他们产生好感。

班级中孩子的生日大多是同一年，如果有年龄差距较大的特殊情况，还是要密切关注。自己的生日能被别人记住并且在生日当天收到祝福，是孩子们最高兴的事，只有老师知道大家的生日还远远不够，孩子们彼此清楚才能帮助他们掌握另一门沟通的艺术——创造相似点，增加好感度。为此，我在班级中开展了生日排序活动。

在生日排序活动中，我按照现有的班级座位报数分组，这样就能将之前同排的学生分到不同的小组，扩大学生的交往范围。分组后，我要求学生将本组成员按照年龄从小到大的顺序进行排序。了解每个人的生日并且反复确认、检查无误的过程，能让同组学生熟悉彼此的生日。相同月份的孩子无形中就会产生亲近感，如果能遇到同年同月同日生的缘分更是让人激动万分。生日排序活动结束后，我们会开展传唱生日歌的活动，一起为过生日的孩子唱生日歌并送上祝福。这样的暖心活动感动着每一个孩子，更让孩子们学会了正确的交往方式，提高了人际交往能力。

小鱼银行·情感储蓄——用赞美赢得赞美

现实生活中，当别人有求于我们时，他们会奉承我们或是声称与我们相似，仅仅如此就会使我们对这些人做出正面的评价。这是因为"得知别人喜欢自己，会让我们对他产生好感并愿意答应他的请求"。可见，赞美是多么强大的人际交往技能。

要学会赞美他人，看见优点是第一步，会描述优点是第二步。为此，我在班级中开展了"小鱼银行·情感储蓄"活动。"小鱼银行·情感储蓄"活动的程序是，每张扑克牌上写有一个学生的名字，全班随机抽取，学生抽到谁就默默观察对方一周，保守秘密，直到周五时用细节描写的方式呈现自己观察到的对方的优点，全班交流。几乎每一期活动孩子们都会抽到不同的观察对象，看到不同孩子的优点。发现别人的闪光点并由衷地赞美，可以让我们以别人为标杆时时纠正自己，也让孩子们懂得：与人交往中，"予人玫瑰，手有余香"；在赞美别人的同时，我们也会得到别人的赞美；真诚的赞美会让我们获得别人的好感。

"小鱼银行·情感储蓄"让每个周五成为学生特别期待的日子，学生之间的感情日益深厚，感情储备得足够丰富，批评和建议中蕴含的爱也更容易为人所接受，学生之间的关系也更加融洽。"小鱼银行·情感储蓄"活动的开展，让孩子拥有了更加细腻、丰富的情感体验和情感积累，为学生储存了丰富的情感资源，营造出亲密团结的班级氛围。

感谢有你——用感恩的语言回馈曾经的帮助

经过前三项活动，孩子之间已经熟悉起来，他们也掌握了一定的人际交往技能。"感谢有你"的活动我一般会选择在感恩节或元旦前后举行，也是对人际交往系列活动的总结。"感恩有你"是一篇作文的题目，孩子们在周末时间完成，周一班会课上我会请孩子们读给自己要感恩的同学听。写文章时，孩子们会回顾自己得到的帮助，感恩之心经过文字的提升更加纯净。读文章时，往事一幕幕浮现，被感恩者会知道帮助别人是一种温暖的行为，并激励他们将乐于助人进行到底。读完文章后，我会给这些懂得感恩和被感恩的孩子们合影留念，大力表扬得到感恩最多的孩子。

心理学家普遍认同这样一个规律：态度改变，习惯就跟着改变；习惯改变，性格就跟着改变；性格改变，人生就跟着改变。感恩的心会改变我们的态度，进而改变我们的习惯，改变我们的性格，帮助我们更受欢迎，收获美丽的人生！

马克思说过，人的本质并不是单个人所固有的抽象物，在其现实性上，他是一切社会关系的总和。人是社会性动物，社会中的人总是处于一定的社会关系之中。提高学生的人际交往能力，能帮助学生走向心智的成熟，收获成功的人生。

让品德之花
绽放在语文课堂上

一名语文老师倘若不当班主任，实在是有些可惜。语文课本中丰厚的教育资源和育人故事都会给学生深刻的启发，一名出色的语文老师巧用三言两语就可以引得学生深入思考，将难解的问题轻松化解。

"百炼钢"化为"绕指柔"

"王老师，小创和小翔在教室里打起来了，您快去看看吧。"我一脸愕然，5班的学生一向团结友爱，大半个学期过去了，从未发生过打架事件，这俩孩子今天究竟为何呢？我带着疑问走进教室，只见小翔抓住小创的衣领，小创掐着小翔的脖子，两个人僵持在教室后面的角落里。周围一群男生围着，班长抓住一人一只手，说着"松，松"，可是两个人依然不动。直到我走到跟前，他俩才互不服气地相互瞪了对方一眼，松开手在我面前站好。

"看见老师来，就知道停手，谢谢你俩给老师面子，咱们先上课吧。"两个孩子悻悻地回到座位上。班里第一次出现打架事件，孩子们也都想看看老师会怎么处理，见我不动声色，似乎有些惊讶。

这节课我们讲的是《鱼我所欲也》。"一箪食，一豆羹，得之则生，弗得则死。呼尔而与之，行道之人弗受；蹴尔而与之，乞人不屑也。""食物是生存所必需的，可是，轻蔑地吆喝着给人吃，饥饿的行人也不愿接受；用脚踢给别人吃，乞丐也因被轻视而不肯接受。同学们，当一个人失去了所有，金钱、地位、荣誉光环统统被拿走时，他唯一可以维护的就只剩下做人的尊严了。为了维护自己的尊严，人是可以付出任何代价的，哪怕是生命。大家还记得那个不为五斗米折腰的陶渊明吗？大家还记得那个敢和残暴的秦王当面对峙，以死维护国家尊严的唐雎吗？他们都是这样的典型。在我们的生活和学习中，倘若不小心伤害了别人的尊严，那么我们应该怎么办呢？"听了老师抛出的疑问，孩子们纷纷献计，最终达成共识：及时道歉，说明自己不是有意的，并请求对方的原谅，这才是最佳的解决方案。

一节课悄无声息地过去了，下课后，我把小创和小翔叫到跟前，想要了解事情的经过。还没等我开口，小翔主动说："老师，我错了。我不该用难听的话骂小创，虽然小创平时大大咧咧的，但这次确实是我说错话了。小创，你能原谅我吗?"无须我多言,小翔就主动道歉,看来他听懂了上课时我们那两分钟的讨论。我们把目光转到小创身上,小创红着脸说:"说实话,我真的挺生气。我妈总说我等着啃老,看不见我的努力,我虽然文化课学得不好,但我也在努力学习我爸单位要用的知识。能说我一点儿也不努力吗?""哦,原来是这么回事,小创确实挺努力的。继承爸爸的公司也需要一定的人际交往能力,像今天这样大打出手,我想也不是最好的解决方案,是吗,小创?"在我的点拨之下,之前互不相让,非要争个你死我活的小翔和小创握手言和,重归于好。

有时,声东击西、旁敲侧击地委婉劝说胜过直截了当的说教,借由课文的教育力量让学生意识到问题所在,方能使"百炼钢"化作"绕指柔"。

"小霸王"变身"小暖男"

小博是一名排球特长生,有着一米九的个子、一身发达的肌肉。或许在小博所在的校队里,相互之间借点儿钱不算什么,可是人高马大的小博向其他同学借钱时,就会给人强大的压力,让人思量后最终不得不借。而小博自己并未察觉。

如何能够旁敲侧击地提醒一下小博早点儿把钱还上呢?借着讲课文《邹忌讽齐王纳谏》的机会,我给了小博一个耐人寻味的眼神。《邹忌讽齐王纳谏》写邹忌与徐公比美,妻子因为偏爱邹忌、妾因为惧怕邹忌、客因为有求于邹忌，都赞美邹忌比徐公美。邹忌并未因此自喜，而是从中悟出直言不易的道理，并以身说法劝谏齐威王广开言路，最终助齐威王"战胜于朝廷"。"在男尊女卑的社会中，妻子是经父母之命、媒妁之言娶来的，女人嫁鸡随鸡嫁狗随狗，对自己的丈夫忠贞不贰，所以邹忌的妻子偏爱自己的丈夫。而妾的地位要低很多，大家闺秀是不会给别人做妾的，出身低微的女子不得已才会给人做妾，而妾的所有经济来源乃至喜怒哀乐全都仰仗丈夫，所以邹忌的妾会畏惧他，说出的话未必是由衷之言。"讲到这里，我将目光转向小博，他正听得津津有味，似乎还没明白我这眼神的用意，于是我又补充道，"有时，我们就像邹忌一样，如果不仔细分析就意识不到我们本身的特质会干扰别人的想法。所以，当我们询问别人的意见和建议或者有求于人时，一定不能让对方感到有压力而不得不做出决定。"看着小博若有所悟地点点头，我知道已经成功了一半。

课下，我和小博继续交流，邹忌如果能早日窥镜自视、对比徐公，是否可以不问妻妾？在我们讨论后，小博很快就把钱还给了同学，并且小博再也没有向其他同学借过钱。不仅如此，小博变得更加懂事了，时刻注意自己有没有给别的同学带来压力。聪慧明理的小博和冷静的邹忌一样可爱。

同事总是很纳闷，为什么我班的孩子如此听话懂事。其实，对学生思想品德和价值观念的引领应该渗透在班主任和任课教师每堂课的知识讲授中，贯穿在师生相处的每一个瞬间里。不是所有问题都要耳提面命地训导，也不是非要等到班会课、行为月时才大张旗鼓地进行教导。学生的品格塑造不是一朝一夕的事情，润物无声的力量较急功近利的刻意为之，更容易让人接受，也更能持久地撞击学生的心灵。这是语文课堂得天独厚的条件，也是语文课的魅力所在。

找到那些
隐藏的"应该如此"

"新学期心理测评的结果出来了，班主任看一下显示异常的名单，及时跟学生沟通，准备进行二次测评。"打开德育主任发来的名单，我瞬间傻了眼，在很多班级都无异常的情况下，我们班后面竟然有一串长长的名单，共六个孩子。根据开学两周以来的观察，这六个孩子无论在日常表现还是行为方式上都没有明显的异样，有几个还算得上积极外向，并不像有问题的样子。那么是什么使他们的测评结果显示异常呢？

利用午休时间，我找来这些孩子，和他们一一进行沟通。只有找到问题的症结才能对症下药。孩子们的话匣子打开了。"老师，我爸爸他自己每逢休假都要睡到日上三竿，却要求我早睡早起、做题、勤动脑，周末还给我报了五科的补习班。初四学习压力本来就大，平时那么累，只有周末可以放松放松，他不应该体谅体谅我吗？"和爸爸关系紧张的大鹏委屈地向我倾诉。"老师，上学期我妈妈生病了，这学期我爸爸又住院了，为什么倒霉的事都让我们家摊上了，凭什么呀？"一向心思敏锐、看上去坚强乐观的大男孩小福带着哭腔说。"老师，您看社会上那些有钱人，凭什么可以轻而易举地比我们生活得好？为什么他们就能要什么有什么，不是应该人人平等的吗？"胖胖的小月带着强烈的心理不平衡向我倾诉……

仔细分析这几个孩子的逻辑就能发现，在他们的意识中，有一种叫作"应该如此"的执念：做家长的在要求孩子之前自己应该先做到，家长应该比孩子更勤快，应该体谅孩子的处境，不施加过多的压力；命运应该对每个人都公平，遭遇了无法反抗的生活事件就抱怨命运不公，走不出给自己划定的心理怪圈；社会应该对每个人都平等，无论个人的努力程度如何。陷入"应该如此"的旋涡中难以脱身，给他们带来了巨大精神压力，孩子难以应对，便出现了异常。

其实，美国心理学家埃利斯的情绪 ABC 理论早就为我们做了总结，他认为情绪是伴随人们的思维产生的，情绪上或心理上的困扰是由不合理、不合逻辑的思维造成的。这些不合理的思维被埃利斯分为三大类："绝对化要求""过分化概括""糟糕至极"。"绝对化要求"将"希望""想要"等绝对化为"必须""应该""一定要"等。每一客观事物都有其自身的发展规律，不可能以个人的意志为转移。对于一个人来说，他不可能在每一件事上都获得成功，他周围的人或事物的表现及发展也不会依他的意愿来改变。因此，当某些事物的发展与某人对其的绝对化要求相悖时，这个人就会感到难以接受和适应，从而极易陷入情绪困扰之中。

在大鹏、小福和小月的观念中，"家长必须体谅孩子""命运应该公平""社会应该人人平等"等都是"绝对化要求"。要想改善他们的情绪，说服他们，就要改变他们这些绝对化的认知。

于是，我和六个孩子做了这样的练习：让他们将自己的感受写下来，分析背后的想法，找到自己的认知并进行分析。当孩子们看到自己"应该如此"的认知时，也清楚地认识到了问题的所在。我又让他们写下自己建立起来的新的认知，比如大鹏的"爸爸对我的体谅和爱的表达，是在自己的认知范围内进行的，在爸爸看来，提供上补习班的机会、严格要求等就是父爱最好的表达"；小福写的是"父母生病这样的遭遇别人也会经历，我经历得比较早，这促使我比别人更早成熟、更早有担当"；小月写的是"公平是相对而言的，多劳能够多得，少劳就会少得，这也是一种公平竞争的机制"。

人是有语言的动物，思维借助于语言而进行，不断地用内化语言重复这种合理的认知和信念，孩子就会将之前的不良情绪排解掉，摆脱负面情绪的困扰。我建议孩子们每天晚上回家自己对着镜子练习，并体会自己说出这样的话时内心的感受。经过两周的练习，再一次做心理测评时，六个孩子都恢复了正常水平。

　　当我们情绪不好的时候，不妨问问自己为什么会有不好的情绪，是不是也有这些隐藏的"应该如此"，找到它们，改变它们，建立起新的正确的信念，就会成功地说服自己，让自己开心起来。

班主任，
请给您的语言"化化妆"

　　工作中我们常常会发现，班级学生总会投射着班主任的影子，和班主任颇有几分"相像"。比如，情商高的班主任带出来的学生情商也高。其实，这与班主任的管理智慧息息相关，巧妙运用语言艺术是智慧管理的核心。

坦诚交流，拉近距离

　　在学生的心目中，有的老师带着超乎常人的能量，高高在上，难以接近，尤其是班级刚刚组建、师生还不熟悉的时候，师生间的距离往往更远。如果教师不能主动走近学生，那么班级氛围将会变得异常沉闷，甚至无比冷漠。老师坦诚地放开自己，与学生真诚地交流，会更加容易被学生接受，拉近师生间的距离。

　　学生一踏进毕业班的大门就被灌输着"守时""争分夺秒"的竞争意识，可是人毕竟不是机器，总会有困倦懒散的时候，会有伤心难过的情绪，当这些问题出现时，班主任如果只会一味地批评指责，无疑是把学生推向自己的对立面。

周一早晨，好几个孩子无精打采地耷拉着脑袋，经过询问才知道，有的孩子趁着周末秋高气爽外出游玩，体力消耗太大，没有得到充足的休息；有的孩子周末被家长安排了满满的补习，精力耗尽，所以百无聊赖；还有的孩子沉迷于自己的兴趣爱好，追剧、玩游戏，没能合理安排休息时间，周末两天疲惫不堪。看着孩子们的状态，我坦陈道："其实，同学们无论是秋游、补习还是玩乐，都是满载收获的，这个周末起码过得很充实，老师跟大家相比，远远不如。"听到这里，孩子们眼睛瞪得圆圆的，惊叹于老师对他们既没有批评也没有责备，同时也疑惑老师为何自我贬低。我接着说："这个周日，我的计划是加班写一篇 3 000 字左右的文章，可是因为懒散和不擅长写这类文章，我一边写一边放慢节奏，睡了个午觉，吃了点儿水果，做了些家务，结果忙活了一天也没写出一篇像样的文章。到了傍晚，我意识到这一天快要结束了，注定是虚度了大好时光，于是悔恨万分，按捺不住自己的情绪，在那样一个美妙的秋日黄昏，忍不住大哭了一场。"孩子们用同情的眼神看着我。"如果早知道结果是写不出来，那还不如痛痛快快地出去赏一赏秋景呢。"孩子们满眼的理解。"后来，我安慰自己，起码我睡了个美容觉，得到了充足的休息，今天来上课时精神抖擞。你如果和我一样睡了整个周末，那么也可以原谅自己，因为你今天的学习状态很好。你如果实在是困乏难耐，可以选择小憩 10 分钟，然后再听我的课，用高效率弥补浪费的时间。如果既没有得到休息也没有听课，这样的状态恶性循环一个上午，那才是真的浪费时间。"孩子们面露喜色，接着纷纷摇头表示不需要小憩。这一段真诚的交流成了最好的清醒剂，接下来的课堂气氛十分活跃，师生间的距离一下子拉近了很多。

与学生坦诚交流，让学生看到一个不戴面具的老师，他会懊悔、难过，也会哭泣。就是这样的真实，让我和学生间的距离变近了。学生知道，这样的老师更能够理解他们，体谅他们的处境，师生间可以无话不谈。更重要的是，学生懂得了如何与自己和解。在备战中考的漫长征途中，焦虑和惊慌在所难免，当这些情绪如洪水猛兽般袭来时，他们也会模仿老师的做法，更从容地应对。真诚的交流，让班级氛围更亲切舒适，师生关系更和谐融洽。

由衷赞美，委婉批评

我们如果把批评穿上赞美的外衣，将会收到意想不到的效果。

"东升，我都来了这大半天了，也没见你拿出英语小测改一下。"听到英语老师言语中难掩的抱怨和愤懑，我知道作为班主任应该适时站出来开展教育。应该用什么方式呢？是暴跳如雷地训斥，还是满腹牢骚地批评？我想都不合适。既然是情商的教育，那么，如果能用平和的心态、平缓的语调达成效果，那将会成为最好的情商教育样本。

"东升，如果不会见机行事，将来很难找到女朋友的哦。即使你长得和物理老师一样帅气，也没用哦！"东升瞪着那双迷人的小眼睛看着我，一脸的疑惑转而化成了两颊的绯红，腼腆地笑着将英语小测拿出来，兴致勃勃地改了起来。英语老师也被这番话逗乐，仔细打量着东升说："还别说，这孩子确实和物理老师一样帅气，将来也要做个和物理老师一样的暖男哦。"英语老师的情绪也平静下来了。看着东升害羞的笑脸，我想，他既听出了我对他由衷的欣赏和赞美，也听出了我委婉的批评。如果能用毫无对抗性的语言教会孩子做人做事，巧妙地化解孩子和任课老师之间的尴尬，那么，师生间又怎么会有不愉快和冲突呢？

在我委婉的语言风格的影响下，东升的情商不断提高。一次物理课上，东升找到了更简洁的解题方法，他急于和同桌分享，没有顾及说话的声音，扰乱了课堂秩序，引起了物理老师的不悦。下课后，只见东升立即跟着物理老师出了教室门，主动向老师承认了自己课堂上不恰当的表达方式，并且承诺下次一定举手发言提出问题。等物理老师和颜悦色了，他又把自己的方法讲给老师听，得到了物理老师的连连夸赞，物理老师还让他下节课到黑板上示范，讲给全班同学听。我把东升在黑板前讲课的神采拍摄下来，发给他的妈妈，与家长一起分享孩子成长的喜悦。

在委婉的语言中，起初并不愉快的一件小事变成了老师成功的教学范例、孩子的成长舞台、家长的欣慰时刻。委婉语言的力量让孩子们学会了智慧地处理学习上、生活中的小摩擦。

心灵沟通，鼓励进步

老师们常说"聪明的孩子是用眼神就可以教会的"，可是这样的"聪明"和默契，需要我们用沟通去营造。

开学初，我会让所有任课老师先选课代表，等到自己选时，学习习惯较好的孩子早已经被选走了，所以我的语文课代表学习成绩并不是最好的，甚至学习习惯也不好。

周一早晨检查作业，自制力较差的语文课代表坤又没有做完作业，从潦草的内容和凌乱的书写可以看出他在完成作业时很不耐烦。看了坤的作业，我火冒三丈，恨不得立即把他叫到跟前痛骂一顿。可是，这样做又有什么用呢？我想，他交上写了一半的周记本时，应该已经做好了被批评的心理准备，我的暴跳如雷只能让他觉得自己已经挨了训就可以减轻内疚感了。语文课堂又到了课堂小结环节，我的眼神特意在坤身上停留了几秒，暗示要他来回答问题。坤心领神会，从容地进行了精彩的总结。这时候，我感叹道："咱们班课代表坤就是老师肚子里的蛔虫。真的是知我者，坤也。"得到老师的夸赞，坤不好意思地笑了笑。在默契的考验中，坤荣获了老师"知心人"的称谓，荣耀感倍增。

在坤未写完的周记下面，我留下了这样一段话："坤，今天课堂上的表现精彩极了，你如果能自制一点儿，就会让优秀变成你的习惯。期待你顺利升入心仪的高中，遇见更优秀的自己。"第二天，周记本收上来，我欣喜地看到坤的回复："谢谢您的包容，老师，我一定会努力的。"接下来的日子，坤在课堂上的专注力明显提高，我们的配合也更加默契。难能可贵的是，坤参加了寒假里我们班举行的"21天线上三公里挑战赛"活动，改掉了往日的拖沓。直到现在，已经读高中的坤仍然和我保持着联系。感谢那一次批评前的"三思"，感谢我花了点儿时间用心沟通，让坤得到成长，也让我们的师生感情升温。

默契的考验，升温情感

一天体育晚训，由于体育老师的指令不明确，孩子们便想钻个空子少跑一圈，当跑操的队伍行进到我的面前时，我表情僵硬，马上就要爆发。这时，高大的体育委员鹏快步跑到我身边，摇晃着我的胳膊，撒着娇说："老师，都是我的错，您别生气了。"看到平时有点儿桀骜的鹏此时变得如此温顺，我的气已经消了三分，但我依然保持着严肃。见我如此，他又用手拽着我的衣角，像个幼儿园的孩子一样："好了，老师，别生气了，生气容易长皱纹。"听到这里，我"扑哧"笑出了声，因为"生气容易长皱纹"是我教给孩子们不小心犯错时的"护身符"，用来"对付"任课老师的，只是没想到今天体育委员居然拿它来"对付"我。默契，让我们相视一笑，所有的怒气顿时烟消云散。

语言是有力量、有温度的，既能留声，也能在学生心中留痕。学生最善于模仿老师，受到老师语言的感染，就让我们做好学生语言的范本，传达坦诚，传递赞美，传播温情。

班级文化墙
会"说话"

　　班级文化墙承担着宣传学校和班级、教育学生的使命，除了学校规定的板块和内容以外，班主任可以自由利用、尽情发挥的空间其实并不多。如何在这仅有的"田地"中耕耘出班级文化的特色，潜移默化地影响学生，我不断摸索和尝试利用班级文化墙全面激发毕业班学生学习动力的方法。

班级文化墙书写目标和方向

　　学生心仪的高中总是散发着神奇的魔力，吸引着学生不惜一切地努力。

　　国庆节假期，心仪同一所高中的孩子会结成小组，共同前往高中研学，那些满怀憧憬的照片和动力十足的研学体会，如果只是尘封在学生的记忆里，搁置在学生的笔记本上，只能随着时光的流逝逐渐褪色，失去激励的作用。将学生研学体会中那些充满正能量的语句抄录下来，同那满怀憧憬的合影一起，张贴在文化墙上自己心仪的学校照片旁，走进班级的每一天它们都会冲进学生的眼帘，让学生在每一个清晨都能感受到梦想的召唤，保持着持久的动力。

另外，每所学校近三年的录取分数以及每一学科的平均达标线也会呈现在班级文化墙上。指引着方向的文化墙，引领着学生不断前进。

班级文化墙镌刻无限正能量

办黑板报的宣传委员通常是多才多艺的，放手让他们去布置文化墙总会收到意想不到的惊喜。

无须班主任反复强调近在眼前的中考，无须任课老师板起面孔说些庄严的奋斗誓词，宣传委员自会在文化墙上以学生乐于接受的方式表达对中考的态度。那些唯美的画面和精准的配文传达出学生的心声：脚踩滑板车乘风破浪的帅气男孩形象图，旁边配文"乾坤未定，你我皆是黑马"；校园一角树下静读的女生形象图，配文"明天的你一定会感谢现在拼命努力的你"。课堂上，我会时常不经意地停下来，邀全班同学共同品鉴这些图画和文字。每当这时，宣传委员和办黑板报的同学的脸上就会泛着红晕，同时受到莫大的鼓舞。学生则赞赏着他们的才艺，被他们传递的正能量感动，迸发出更加强烈的学习热情。

班级文化墙承载班级仪式感

中考倒计时是很多班级都会采用的彰显仪式感的方式，倒计时牌由值日班长负责更换，每个孩子都有机会切身体会到时光流逝的庄严和紧迫，抓紧剩下的每一分每一秒。

然而时间久了，倒计时的激励作用也就失去了弹性。捕捉一些特殊的日子，制造一些特别的惊喜，会让学生的信心潜滋暗长。中考倒计时 100 天时，全班学生在文化墙前合影留念；倒计时 60 天时，在文化墙上开辟出相应的板块，每个学生在心仪高中的照片旁郑重地签下自己的名字，我用相机记录下专属于他们的庄严时刻。那一年中考倒计时 29 天时，恰逢 4 月 29 日，这一天也是体育中考的日子，我在文化墙上高调表白："二九，二九，爱你们很久，为努力成长的大家点赞！"文化墙承载着我们的回忆，记录着学生成长的脚印。

在班级文化墙内容不受约束的几天，我会索性将自由发挥的板块全部擦拭干净，将整面墙壁换上清爽的大字。例如寒假前各科老师用"免作业"来鼓舞学生时，我会配合地写上"作业兴亡，我的责任"，在调侃和激励中营造出假期和节日的浓郁气氛；再如，新学期初，严肃又砥砺人心的班训"自觉·主动·积极·高效"总会以大字的形式出现在文化墙上，为新学期扬起启程的风帆。载满仪式感的班级文化墙为我们留存下许多难忘的回忆。

　　班级文化墙会"说话"，时而浅唱低吟，时而慷慨激昂，为学生初中生活的最后一年伴奏，为每一个默默努力的日子唱响不断进取的歌。

敞开心扉，
架起家校沟通桥

　　有位教育专家说过，班主任每年带两个班，一个是学生班，另一个是家长班。只有将两个班都带好，才能让学校教育和家庭教育发挥出合力，才能最大限度地发挥育人的效果，让孩子健康成长。

以活动为契机，密切交流

　　学校长期进行家长驻校活动，邀请家长在上下学的高峰时段协助维持校门口的交通秩序，保证孩子上下学的安全。开学第二周就轮到我们班家长驻校，小浩的妈妈主动报名参加。开学初，我曾因为小浩的作业问题和小浩妈妈有过一次简短的通话。活动结束后，征求了小浩妈妈的意见，我把她邀请到我的办公室，为她倒上一杯温水，便开始了深入的交流。

　　原本，我对小浩的认识只停留在注意力不集中、作业态度不认真、个人物品凌乱这些表象上，通过这场交流我才知道：小浩在两岁时生过一场重病，孩子的爸爸狠心抛弃了他们母子俩。这些年来，小浩妈妈一直一个人抚养孩子。妈妈觉得不能给孩子一个完整的家庭是对孩子的亏欠，于是一人分饰两角，用更多的爱去弥补，几乎包办了孩子所有的事情。小浩从小体弱，妈妈狠不下心来严格要求他。在妈妈的过度保护之下，小浩的自理能力明显不如别的孩子。但小浩善于察言观色，很在意别人的感受。每当妈妈心情不好时，他就会给妈妈送上暖心的安慰；察觉到妈妈生病时，他会主动去药店给妈妈买药……听着小浩妈妈讲述着他们母子之间的故事，我对这个学习习惯不是很好的孩子多了一些理解和包容。也许对他们来说，相依为命，勇敢地活下去，就是对生活最认真的态度。作为老师，我们能做的就是给予最大限度的关注和帮助。

后来，我给小浩安排了"心灵使者"这一岗位，他的热心周到得到了同学们的认可。在班级中获得价值感的小浩开始注重自己的形象，学习也比以前努力多了。

志愿活动、运动会，都是班主任与家长见面的难得契机，也是我们和家长交流的绝佳时机。班主任用心一点儿，提前做好准备，让家长敞开心扉真诚交流，或许，我们就能更深入地了解孩子，更好地给予关怀和帮助。

以理解为前提，巧妙沟通

有些老师在与家长打交道时，不注重沟通的艺术，导致家校对立。尤其是在学生犯错后，老师与家长沟通的目的是共同寻找解决问题的方案，而不是抱着"告状"的心态，蓄意挑起家庭内部的矛盾。我们只有理解家长，才能得到家长的理解和支持。

班级中总有几个理科思维很好但是对语文丝毫提不起兴趣的男孩，他们的背诵任务常常不能完成，小测订正不能当天清底。有一天下午，我外出开会，就让组长负责落实课堂上的内容巩固，晚上回到家后，看到课代表在家长群中反馈的背诵情况，孩子们的表现差距很大。我的焦虑立即奔涌出来，准备在班级群中跟家长"好好聊聊"。当我在输入框中打上"凋谢"的表情，想将孩子之间的差距好好对比一下时，转念一想，这些令我头疼的孩子，在家中可能早就让父母感到无奈了吧。我们学校是一所农村中学，家长们能在为生计奔波的同时保证孩子吃饱穿暖就已经很不容易了。我这样表达，除了影响家长的情绪，甚至让家长产生抵触，还能收到怎样的效果呢？说不定还会引发家长和孩子之间的一场争执，那么孩子学习语文的兴趣会更低。想到这里，我删除了对话框中打出来的表情，改成了这样的反馈：可能是因为今天下午我外出开会没有督促到位，导致孩子们忘了找组长背诵过关，家长们放心，明天我会继续督促孩子们的。

刚反馈完，偏科生小铮的妈妈就回复我："老师，我刚刚问了孩子，他还差一段就背诵完了，明天一早就去找组长背诵。老师早点儿休息吧，白天已经够操心了。"小志的妈妈也发来留言："老师，孩子让您费心了，现在他的作业已经写完了，我正在和他一起背诵，请您明天检阅。"后面还跟了一个微笑的表情。"家长辛苦了，明天我会继续跟进的，你们早点儿休息。"我发去一个握手的表情。

当我们看见了家长的付出，理解了家长，家长也会更加理解老师，和谐的家校关系就营造出来了，强大的家校合力就形成了。

以家长会为阵地，通力合作

中学生正处于情绪波动较大的青春期，自我意识迅速发展并趋于成熟，如果父母和子女之间缺乏有效的沟通，会导致青春期的亲子关系十分紧张。借助创新家长会的力量，对亲子关系不良的家长和孩子进行心理疏导，打破彼此间厚厚的隔膜，有利于形成良好的亲子关系，建立稳健的家校关系。

初三孩子的叛逆情绪异常明显，与家长沟通不良的孩子占到了近 60%。小昊就是一个典型的例子。小昊的父母老来得子，对他十分溺爱。伴随着青春期的到来，小昊的叛逆表现异常明显，父母束手无策，只能通过简单粗暴的方式和孩子沟通。在一次激烈的冲突中，母亲忍不住打了小昊，小昊的心灵受到了极大的打击，开始拒绝和父母沟通。

　　针对类似的情况，我筹备了一场特殊的家长会，邀请孩子和家长一起参加。我把教室里的桌椅摆成同心圆，内外两圈，孩子坐在内圈，家长坐在外圈。首先，我用情真意切的引导语替孩子和父母进行一场心灵的表白，诉说孩子在父母心中的重要性，又站在孩子的角度，倾吐孩子对成长的渴望，以及每次与父母发生冲突后内心的愧疚。在此基础上，我组织了"摸摸父母（或者孩子）的手、摸摸自己的手"的亲子触摸活动，并让学生及家长表达触摸后的对比感受，由此搭建起亲子情感交流的平台，让父母和孩子进行一场从未有过的心灵对话。最后，亲子之间达成约定，并共同遵守，互相监督。家长会过程中，小昊的妈妈数次哽咽，小昊也泣不成声，心灵间的壁垒打破后，母子之间的关系得到了极大的改善。离开教室时，小昊走在妈妈身前，主动为妈妈开门。

　　这场家长会解决了十几对亲子之间的沟通障碍，解了家长的燃眉之急，家长带着感恩之心对学校的工作给予更多的支持，对老师的建议更能接纳，家校间的关系更加稳健。

　　家校沟通是一门艺术，班主任只有敞开心扉、巧妙沟通，才能与家长的手握得更紧，心离得更近，架起家校之间的桥梁，汇聚起家校合作的力量。

双向选择，
让志愿服务扎实有效

　　"从下周一开始，每天早晨初四年级两个班班长做志愿者，监督入校的路队，提醒学生间隔一米距离，靠右行。从初四（1）、（2）班开始，轮流进行。"德育主任在班主任会上公布安排后，周一进校门时，我就看到两个初四孩子在甬路上尴尬地站着。

　　他们一边小心翼翼地提醒着入校的学生，一边无奈地叹着气。"你们在干什么？"连学校老师都不习惯这个志愿服务岗位的存在，孩子们的英语老师问他们。一番解释之后，老师扔下一句"早点儿回去，马上开始上课了"，转身离开。两个孩子就更加局促不安了。那时是疫情防控期，我们这所乡镇中学因为学生多，采取错峰上下学措施，初四老师已经进班了，初一的新生才刚刚开始入校，这两个孩子心里一定在为注定要迟到而焦急万分。

　　"不符合要求的话就只能扣分，我们班也是一样，扣吧。"

听着小怡跟检查卫生的学生义正词严地讲话，我假装没有听见，依旧批改手中的作业。"这个小怡，还真行。"我心里嘀咕着。没想到，刚去学生会几天，小怡就混得风生水起，被老师任命为卫生组的小组长，每天中午卫生检查员都要把检查反馈单交给小怡。刚刚来查卫生的男孩看到我们班小宇把水杯放在了地上，虽然小宇意识到不妥后迅速把水杯拿起来了，但是毕竟是违规了。扣不扣分，孩子一时拿捏不准，有点儿为难，征求小怡的意见。小怡的回答显然为卫生检查员树立了公平公正的典范，也树立起自己的威信。待检查员走后，小怡又对全班学生进行了"培训"："卫生检查 12 时 10 分准时开始，查到咱们班最多需要 3 分钟，大家务必在 12 时 10 分之前打扫好自己的责任区，整理好个人物品，不要再扣分了。"随后，小怡和卫生委员小雨沟通一番后，走到我跟前，告诉我："老师，我和小雨之前商量好的，检查员来之前她先检查一遍，然后我再落实一遍，今天我因为要去交历史小测的订正，耽误了检查才导致咱们班被扣分。我打算把卫生检查标准告诉小雨，以后小雨直接对照检查标准一条一条落实，这样就不会被扣分了。""好的，你们商量好就行，辛苦你们俩了。"有她负责卫生检查，我不是很担心。

其实，考虑如此周全的小怡，她的学习成绩一点儿也不出色，在开学初的班干部竞选中也遗憾落选，可是志愿服务的岗位公布后，小怡便主动请缨去服务队历练。现在看来，这个岗位非常适合她。

志愿服务岗位如何安排才能既满足学生参与管理的热情，又满足学校的岗位需求呢？我想，双向选择是必须的。

首先，明确岗位职责，因岗选人。路队志愿者这一岗位需要在什么时间段落实哪些任务，这一岗位希望招募到什么样的学生，学校制定好相关标准后由班主任向所有学生传达。只有符合岗位标准的学生才能申请，班主任初步把关，学校组织面试严格准入，这样才能保持志愿服务岗位在学生心目中的神圣性。另外，为了保证权力的顺利落实，需要一定的"仪式"和"象征物"。志愿服务承诺书、志愿者宣誓都是提升志愿者服务意愿的必要步骤。绶带、臂章、志愿服，都是将志愿者与其他成员区分开来的简单道具，能树立志愿者的权威性和不可侵犯性。做好这些工作，相信初四的路队志愿者能减少不少尴尬。

其次，学生自愿申报，制度保证。学校要营造志愿服务光荣的整体氛围，鼓励学生积极参加志愿服务。无论是能够满足孩子虚荣心的"管理"岗位，还是需要学生弯弯腰、出出力的"服务"岗位，都是有价值并且值得尊重的。对于学生申报意愿较弱的岗位，可以赋予更高的服务分，以提升学生的参与意愿。正是因为自愿参与、主动加入，小怡才能一直保持志愿服务的热情，并且乐此不疲。

最后，弘扬志愿服务精神，思想引领。志愿服务精神是奉献、友爱、互助、进步的集中体现，志愿服务精神的提出者是联合国前秘书长科菲·安南，他的高度概括表达了他对志愿服务者由衷的赞美。能够为学校、为社会贡献自己的力量是一件幸福的事，这样的思想会把学生提升到更高的高度，引领学生扎实有效地开展服务活动。

在学生心中
埋下一颗劳动的种子

"我去隔壁班上课的时候,心情特别好,因为我可以安心地把课本放到讲桌上,不用担心沾上粉笔灰。他们班的讲台一尘不染。我希望咱们班也有这样的讲台,让所有的任课老师来咱们班上课时也能有个好心情。"看着叮嘱了无数次依然一片脏乱的讲台,我想,在班级中开展劳动教育势在必行。

劳动,从打扫好自己的房间开始

"老师,您不知道,每个周末我和小钰都得因为打扫房间的事干一仗。"家访时,小钰的妈妈跟我抱怨。"可是,上网课的时候,我看她的房间挺整洁的呀。""那是因为知道要上镜,特意提前收拾的。"小钰妈妈无奈地说。学生虽然邋遢惯了,但是上网课前能收拾干净,说明学生还是很注重自己的公众形象的,何不借着学生的"虚荣心"来一场扫除大赛呢?

周五,我把房间扫除大赛的细则公布后,教室里就传来小浩的惊叫："老师，不要啊……那我的'狗窝'岂不是要暴露在众目睽睽之下了？""对呀，要的就是这个效果。"我狡黠一笑，"我就想看看你的小狗窝到底乱成个什么样子。"

周六一早，我就在班级群中等待着学生们的晒图。让我惊喜的是学生们传来的卧室全景照都非常干净整洁，不少学生为了展现最佳的一面，还进行了精心的布置。周一班会课上，我把照片一一展示出来，让学生们猜猜都是谁的卧室。

"这张照片的书架上放了一本《人间草木》，一定是惠琳的，因为她跟我分享过这本书。""这个窗台上放了一盆小雏菊，应该是婷婷的。她的幸运花是小雏菊！""这个房间贴满了奖状，奖状上的名字就告诉我们这是家仪的房间啦。""这个是一搏的，他曾经获得过排球比赛冠军，那个大奖杯就是他的标志。"……学生们津津有味地猜着，评着，乐着。

卧室全景照展播不仅让学生们参与了卫生打扫，而且无意中成了学生们的才艺秀，学生们参与的热情高涨起来。

第二周，难度升级，必须拍下记录打扫过程的视频，那些保持得比较好，想要免打扫的学生也不得不行动起来。

第三周，难度继续升级，我会不定时突击检查。周三晚上8点，约莫学生们正是放松惬意的时候，我在班级群请大家10分钟内上传卧室图。可喜的是，只有个别学生的卧室一片狼藉。

身体力行的大扫除，学生们必定感受深刻，如果能用文字将过程和感悟凝聚笔端，一定能强化活动的效果。于是，一篇篇精彩的文章诞生了。

其实，打扫房间卫生这样的劳动教育我们一直在做，但经常是刚打扫了没多久又变得凌乱不堪。现在通过扫除大赛，学生们养成了劳动的习惯，长期效果不言而喻。

劳动，从做好卫生责任区开始

自选卫生责任区。若卫生责任区不是自己选的，不是自己擅长的，打扫起来必定感受不到劳动的愉悦。要想卫生不扣分，让学生们自己认领责任区是关键。大家各述理由，卫生委员、劳动委员协调统筹，让每个同学领到满意的责任区。

思想动员，创设劳动氛围。《扫除力》一书中说，扫除力可以让你获得幸福人生，实现心中理想。我们将书中的句子进行了改写：

> 你的人生其实就像你自己的房间、自己的桌洞和地面卫生，如果你的房间和个人卫生脏乱不堪，你的"好运""梦想"都会溜走。不仅如此，如果你一直放任不管的话，脏乱的环境还会影响你的生活节奏，令学习不能进步，锻炼总是坚持不下去，莫名其妙地感觉到最近百

无聊赖……透过打扫产生的能量，结合内心的力量，创造出正面连锁效应的磁场空间。这样的磁场空间会改变你的心态，让你焕然一新，拥有充满魅力的崭新人生，帮助你扫出成功，无往而不胜！那么，让劳动变成一场透过体力的心灵修行吧，你付出的每一滴汗水都在为你积攒成功的能量。

此后，每天大扫除的时间我们会将这段话当作"启动音乐"，然后，兴致勃勃地开始行动。

渐渐地，学生们从自己擅长的劳动项目开始，到最后互帮互助，共同承担起卫生责任区。

"一屋不扫，何以扫天下？"在劳动中，学生们养成了做事提前规划、讲究条理的习惯；在劳动中，学生们品味到了成就感和获得感。将劳动的种子播撒在学生们的心田，将来，学生们一定会享受劳动的果实。

第三章

在管理中，积蓄发展智慧

融合，
让成长学会承担

　　随着融合教育的倡导，不少特殊孩子走进了学校的教室。我原本以为，这样的尝试和探索是对特殊学生的一种"恩赐"——能和普通孩子享受同等的优质教育资源。不承想，正是这些"折翼天使"的到来，使我们这些普通学校的学生和老师学会了承担，获得了扎扎实实的成长。

融合，让教师学会接纳

　　龙是我班的一个特殊孩子，除了体形硕大以外，四肢健全的他看上去和普通孩子并没有什么两样，可是你如果仔细观察他的眼神，就会发现他眼中的空洞和虚无。已经读初中的龙只会用小学一年级的字体歪歪扭扭地写自己的名字，其他的字和算术一概不会，更别说英语和别的学科了。课堂上孩子们都在聚精会神地听老师讲课，他却喜欢趴在自己的胳膊上，瑟缩在自己的世界中，不一会儿便睡着了，哈喇子流到了桌子上、手臂上也丝毫不知。体育课上孩子们喜欢尽情地在阳光下、操场上奔跑，而小步快走对龙来说已经是运动的极限了。青春期的孩子普遍关注自己的外貌，龙却从不考虑自己壮硕的身躯会不会影响形象，也不会在哪个漂亮的女生面前脸红害羞。

龙分到我班的时候，我的内心是充满了抗拒的。这么特殊的情况在我任教的短短几年中从来没有见过，以我仅有的这点儿教学经验想要把班级成绩提上去、把班级管理好尚且不易，即便他的成绩不计入我们班的总成绩，班里多了这么一个特殊的人一定会影响其他孩子的状态，甚至因为他的特殊会让其他孩子产生不平衡，使我的管理力度大打折扣，而且这对班级的任课老师也不公平。总之，这是一个极大的挑战，谁也不愿意接受。校长和主任越是和颜悦色、笑脸相迎，越是让我觉得没有人愿意接这个烫手的山芋，才会往我的班里塞。

可是，当我看到龙的妈妈的那一刻，我的恻隐之心战胜了所有的畏难情绪。顶着九月的炎炎烈日，龙的妈妈骑着自行车把孩子载到了学校，半个后背都已经被汗水浸透了，一身朴素的衣服套在她干瘦的身体上，不到40岁的她头发已经灰白，这让她看上去年近半百。她长年照顾孩子，带着孩子做康复，这让本不富裕的家庭更加艰难。我不敢想象龙的爸爸的离弃和不负责任让这个母亲独自承受了多少身体上的劳累和精神上的痛苦。我如果拒绝这个孩子，会不会让他们母子的生活雪上加霜？想到这里，我决定给龙的妈妈一点儿希望和信心，一起来照顾这个特殊的孩子，全心地接纳他。

融合，让孩子学会尊重

班里其他孩子一定会像当初的我一样不愿意接纳这个与他们格格不入的龙，我思忖着。在龙来上学之前，我特意为孩子们做了一番心理建设，设计了一节微型班会课。首先，我出示了一张智障儿童的照片，将他们的症状表现讲给孩子们听。接着，我让孩子们想象一下这些特殊儿童生活的世界。然后，我让孩子们设想：如果这样一个孩子生活在一群正常的孩子中，他会希望别人怎么对待他。最后，我告诉孩子们，我们班将会迎来一个特殊的同学，希望大家能够接纳他、尊重他，不要取笑他、欺负他。课下，我找来了所有班干部，召开了班干部会，让这些优秀的孩子做好表率，并且安排班长和龙做同桌。

即便孩子们没有把厌恶表现在脸上，我仍然能够感受到大家对龙的排斥。每次排队，龙总是一个人走在队伍的最后面，没有人主动和他说话，从教室到校门口的放学路上他也常常一个人低着头走过。这样的环境对龙来说究竟是好还是不好呢？怎样才能改变大家对他的看法呢？我想，最重要的还是要让龙凭自己的能力赢得大家的尊重。即便什么都不会，扫地、拖地这样简单的劳动，反复练习总能学会。于是，我每天早晨耐心地教龙使用海绵拖把，告诉他如何才能把角落拖干净，我只分给他一个过道的责任区，并叮嘱他平时课间也要维护好。因为我们班的值日是轮流的，所以半个学期下来很多孩子都和龙一起做过值日，由于龙的负责和仔细，他分管的责任区从未给班级扣过分，龙用自己的表现打动了孩子们。

期中考试结束后，我召开了一场隆重的表彰大会，班长主持，任课教师颁奖，我来拍照。我不仅给学习成绩优异、取得进步的孩子颁发了奖状，还为身负各种特长的艺术明星、勤劳负责的值日生颁奖，亲自为获奖者写了颁奖词。颁奖前，全班同学齐读颁奖词和获奖名单，以班级的最高礼仪请出获奖者。获奖的孩子个个激动得小脸通红，我想这一段经历一定会让他们毕生难忘并激励他们严格要求自己，不断进步。我为认真负责的值日生写的颁奖词仿写了《纪念白求恩》一文中的句子："一个人能力有大小，但只要有无私奉献、认真负责、为他人着想的精神，就是一个高尚的人，一个纯粹的人，一个有道德的人，一个脱离了低级趣味的人，一个有益于人民的人。"听到孩子们给龙的热烈掌声，我知道龙凭借着自己的能力赢得了大家的肯定。

自此以后，孩子们和龙的关系拉近了许多，有孩子排队时会主动和龙并排走。入秋天气转凉，不少孩子穿上了秋裤，可是邋遢的龙常常任秋裤裤腰扎眼地露在外面。走在校园里，班里的男生会不动声色地帮他把上衣衣襟扯下来盖住秋裤裤腰，或者善意地给他一句提醒。我相信，在大家的帮助下，龙会变得越来越好。

融合，让家长学会放手

第一次看到龙的妈妈骑自行车载他来上学，我以为家长只是偶尔这样做，事实却并非如此。从小到大，龙的妈妈一直把龙当成婴儿呵护，这个身体单薄的母亲无论走到哪里都驮着体重100多斤的龙，她的艰辛旁人难以想象。我曾经劝过龙的妈妈，让龙自己上下学，他们家就租住在学校南面不远的小区，可家长总是不放心。"难道你能照顾他一辈子吗？"我的一问，让龙的妈妈悲戚和痛苦交杂。她沉思片刻，决定接受我的建议，和我一起试试，让龙学会自己认路、自己买东西，教他一些必备的生活技能。

一天放学后，我带领全班同学走到校门口，龙的妈妈正在维持交通秩序，她参加了学校的家长驻校活动。妈妈告诉龙："妈妈要在门口保护大家的安全，妈妈要等到最后一个班级的同学走完才能回家，你自己先回家好不好？"龙点点头。我郑重地竖起大拇指，给龙点了个大大的赞。不一会儿，我就接到了和龙同住一个小区的孩子打来的电话，说龙已经安全地进了楼道门，并且家里的灯也已经打开了。我和龙的妈妈相视一笑，我们的激动和喜悦溢于言表。

第二天，已经不需要我们班家长驻校了，但是龙的妈妈依然驻守在学校门前的十字路口，她用这样的方式拉开了龙独立生活的序幕，也用这样的方式回馈着学校和老师对他们的接纳和帮助。

如果班级中没有这样的孩子，可能现在的我还没有这样丰富的教育经验和教育觉悟，可能班里的学生还是那些把父母的精心呵护看作理所当然的不懂事的孩子。因为有了"特殊"的龙，我们班的队伍后面常常拖着个"大秤砣"，但也正是因为有了龙，我们的班级才变得不一样。这样的不一样，让我和孩子们都得到了成长。

学会和解，
转身奔赴另一种自由

　　"请班主任及时查看今天早晨的卫生检查情况，扣分多的班级抓紧时间整改。"看着德育处发在班级群的通报，我的心中愤愤不平："初四正处在紧要的复习关头，为何要用这些鸡毛蒜皮的小事来分散班主任本就有限的精力呢？更何况班级卫生并不是迈不进脚的脏乱差，只是在学生会检查之前没有收拾完而已，如果能过一会儿再查就不会扣分了。"

　　"这个，这个，还有这个……"我们班的任课老师兼任德育处干事，正和分管德育的副校长检查初四学生的仪容仪表，她毫不留情地将我们班里几个头发稍长的男孩子一一指了出来。站在一旁的我既气愤又委屈。这几个男孩确实没有按照学校的规定将头发理成平头，我也注意到了。可是，倘若让一个从小没有睡好头形并且为此深深自卑的孩子非要把自己的缺点暴露在众目睽睽之下，对孩子来说难道不是一种伤害吗？

　　"课间不允许追逐打闹是明文规定，疫情防控期间排队洗手、就餐都是为了防止学生扎堆聚集。你作为骨干班主任，又是学校领导，会不知道吗？"面对德育工作分管校长的质问，我确实无言以对，这些规定校领导班子会上强调，班主任会上千叮咛万嘱咐，我已经听过无数遍，早就烂熟于心了。"可是，校长……""你看，那个班又出来了几个孩子。王主任，作为领导你得协助德育处的工作呀，你得给其他年轻的班主任做出榜样啊！你都这样，我还怎么管？"德育工作分管校长意味深长地看着我，埋怨又焦急的语气让我无地自容，那到了嘴边的话只能又硬生生地咽回去。"校长，您也是教语文的，置身如此曼妙的雪景，您的内心也会涟漪微动，痴痴贪恋吧？您也想仰起头来，让雪花自由地飘在脸上，感受大自然的亲近吧？难道学生们就不想吗？不能打闹也就罢了，欣赏一下雪景的权利也要被剥夺吗？不允许学生为美驻足，不允许学生感受美，我们又如何要求学生心底柔软、看得见温暖、写得出美文呢？"大团大团的疑问压在心底，我纠结着。

曾经，我着实和这些条条框框硬碰硬地斗争过，刚毕业那年甚至还为此和分管领导起了正面冲突。谁也没想到这样一个刚走上工作岗位，看上去很娇弱的老师，会傻傻地"为学生好"和领导当面顶撞。"这个傻瓜，就不怕领导给她'穿小鞋'吗？""就是，多不值得呀！本来挺受器重的一个老师，全体教师会的时候还代表新教师发言呢，听说参加岗前培训时电视台来采访，区里还让她做代表呢！真是……唉！"不小心听到前辈们的议论，我也对自己的做法打上了问号，难道诚如他们所言，我的职业生涯刚刚开始就被自己亲手断送了？我相信，领导的胸襟和格局应该不止于此。但不得不承认的是，"胳膊拧不过大腿"，我的牺牲并未换来政策上、制度上的一点点改变。

这些条条框框制定者的初衷是什么呢？作为一线老师，我们固执地坚持己见，目的又是什么？这两者是相互背离还是保持一致的呢？如何不碰触底线和边界，又能吻合自己的教育观念呢？为师近十年，我不断地探索着。记得一次去杭州学习，浙江省德育特级教师韩似萍在讲座时说过这样一段话："班主任永远都不要寄希望于没有问题，没有问题我们的工作就没有了价值。当然，在这个过程中，班主任要学会进入自由的精神王国。"是啊，与其如此尖锐地对抗，不如与矛盾和解，相安无事吧！于是，我开始重建自己的精神家园。

学校监督班级打扫卫生，目的是让孩子们有个干净整洁的环境，健康又心情愉悦地学习，我的初衷又何尝不是如此呢？不管检查与否，我一样会督促孩子做好卫生值日工作，那么，何必在意检查的结果呢，只管打扫就是了。与矛盾和解之后，我发现，放手反而是一种获得，我们班的卫生责任区从此很少被扣分了。

学生的仪容仪表不尽如人意，那么在班级中发起"惠美女生""阳光男生"的评选标准大讨论如何？女生写写心目中理想男生的外在标准和内在标准，男生写写理想女生的标准，既倡导了文明的仪容仪表又引领了学生的精神成长，功德无量。

雪景美，不能尽情赏玩，那么何不调整形式，上一节有计划、有方案、有意义的劳动教育课呢？孩子们一起制定扫雪计划，一起动手为全校师生的安全出行开辟道路，该是多么难忘的经历！何不与体育老师携手，增设打雪仗、堆雪人的户外活动呢？如此一来，既满足了班主任的"职业自由"，又释放了孩子的天性，更为学生积累了宝贵的写作素材，一箭三雕，何乐而不为呢？

不允许学生吵闹，那么就设计一些在静默中完成的班级活动吧，顺势告诉学生静能生慧的人生哲理。

与条条框框的矛盾和解后，班主任的"职业自由"也被"救赎"。没有冲突，不必对抗，教育之花静悄悄地生长在教室中，盛开在每个孩子的脸上。

用接纳和行动
提升职业幸福感

行走在教育岗位上已近十年，细数过往，一路走来，跋涉过无数的泥泞沼泽，蹚过这一条条沟坎。支撑着我的心理建设，无疑是接纳和行动。

悦纳自己，积极行动，站稳讲台

一天下来总是在忙，可是不知道自己究竟收获了什么，除了满身的疲惫，似乎找不到忙的证据。

刚毕业第一年，我教初一两个班的语文，没有担任班主任。性格温柔和善的我不会发脾气，更不会像老教师说的那样"假生气"，虽然课堂纪律不成问题，可是学生的潜力丝毫没有被挖掘出来。第一次单元检测，我教的两个班的语文成绩很一般，性格要强的我再也没有办法用自己的努力证明自己的成功，而要靠学生的成绩证明自己的优秀，强烈的挫败感充斥着我的内心。对自己的不满意导致我生活不规律、饮食不节制、睡眠时间少，短短一个多月，我的体重就增加了 5 千克。

"每个人性格不同，但各有长处。有的老师不怒而威，可以凭借威严让学生臣服，想一想，你的优势是什么呢？"年级主任的一句话让我重新审视自己。

是呀，我的优势是什么呢？从小学三年级学写日记开始，我就把记日记的习惯保持了下来，厚厚的日记本装满了几个抽屉，无论高中住校还是异地求学，每晚记日记是我必做的功课，十几年如一日的坚持是我的优势。身材娇小的我不擅长任何竞技类的运动，可是在学校的长跑比赛和越野赛上我总能为班级赢得几分，耐力是我的优势。喜欢读书、善于学习、谦虚细腻……这些都是我的优势，如何将优势变成我工作的能量，影响学生呢？

周末休假，我把家里几抽屉的日记本打包装好，在周一的语文课上拿出来跟学生分享，从小学幼稚的字体到初中时细腻的笔触，从高中时每天一部的短篇小说到大学时全英文的记录和设计精巧的插图……看着学生震惊的表情，听着他们送给我的持久的掌声，我想这或许就是一名教师的人格魅力对学生的影响吧。从此，语文老师的头上多了一道光环，学生不惧怕但是很崇拜，课堂上的表现积极活跃了许多。

不当班主任，虽然没有"班主任效力"，但是免去了繁杂琐碎，有了更充足的时间。于是我每天都蹲守在离学生最近的候课室办公，没有课的时候就精心备课，批改作业，把学生叫到身边单独辅导。为了节省来回路上的时间，我干脆给学生排上了"小灶表"。就这样经过一个学期的努力，期末考试时，孩子们的成绩有了很大的提高，而我也慢慢恢复了规律的生活。悦纳自己，积极行动，让初登讲台的我慢慢摸索出了科学的教学方法。

悦纳他人，但行好事，莫问前程

"孩子跳绳比赛得了第一，你就说她头脑简单、四肢发达，多伤孩子的心呀！""这个班家长早就对你有意见了，我一个光脚的还怕你穿鞋的不成？""小王老师，某某家长给我打电话反映：孩子回家后说你昨天中午在班上公开表示要和某某妈妈战斗到底。这是怎么回事？"

或许，每个人都有生活的不如意，只不过有人把矛头对准自己，解剖自己，刮骨疗毒后重获新生；有的人把枪口对准别人，攻击别人，损人不利己，最终两败俱伤。面对这样的孩子和家长，刚开始我试图沟通和解释，到后来却发现自己百口莫辩，因为"欲加之罪，何患无辞"。持续许多天下班后长达一两个小时的电话沟通让我心力交瘁，一边是领导希望尽早息事宁人的压力，一边是莫名其妙的强烈不满，无论你怎么做怎么说都认为你不对的家长和杜撰故事、火上浇油的孩子。午夜梦回，辞职的念头有过，避而不见，爱咋咋地的想法也有过，甚至报复的冲动也在脑海里闪过。而最终帮助我打消这些念头的是我对他们的悦纳。

这个孩子的妈妈刚刚离异，结束了一段充满暴力的婚姻。在这样的氛围中成长起来的孩子势必会受到家庭的影响，言行举止异于常人，而不正常的举动正是求助的信号。借助专业的心理知识和支持力量能否帮助母女俩摆脱当下的困境呢？我向学校领导反映这一想法后，领导的支持和心理老师的介入取得了不错的效果，她们开始了新的生活。虽然被攻击得血淋淋的伤疤还在，虽然那些尖锐的恐吓言犹在耳，但是如果视而不见、不闻不问，既不能澄清自己又不能帮助他人。悦纳他们吧，但行好事，莫问前程。

悦纳工作，全力以赴，解除焦虑

"我在某某中学的时候教初四两个班的数学，当班主任，兼任初四数学组的备课组长和数学组的教研组长，同时也是德育处的主任……"副校长的一席话，让满腹牢骚地开始这一学年工作的我释然了许多。

第一次教初四，我对自己的业务能力不是很自信，同时被安排到一个刚成立的处室担任干事，班主任工作也是一如既往。看着和我一起教初四、同时被任命为干事的老师，他既卸下了班主任的重任，又只教一个班，我的内心被不平充斥着。虽然带着不满，但我仍然兢兢业业，每天白天协助主任处理处室烦琐的事务，通讯报道、各项考核记录评价、教师培训、师生读书、语文学科的工作。千头万绪，一项接着一项，我拼命地挤出时间，甚至走路都得小跑，也常常要把工作带回家中。晚上进了家门，把疲惫的身体在沙发上安放一会儿，就不得不靠着强大的意志力挣扎起来，继续工作。晚上十一二点睡、早晨五点半起成为我的生活常态。"难道学校承认一个老师优秀，就只能再往她的肩膀上压一副担子？那么，为什么有的人不用这么辛苦呢？"接受着同事同情的目光，我的内心早已泪流成河。

"想要摆脱平庸，实现人生的价值，成为一名优秀的老师，就必须承受别人不能承受的。"副校长的声音又在耳畔响起，她为班主任做的这场培训也接近了尾声。是啊，和她的经历比起来，我做的这些事情又算得了什么呢，只不过是压缩了个人休息时间而已，只不过是远离了那些没有营养的电视剧和综艺节目而已，只不过是在周末和节假日放弃了那些与大自然亲近的休闲惬意而已。唯有放下抱怨，全力以赴，才能解除内心的焦虑。在通讯写作中，我重新拾起了几年未写的通讯报道，笔杆子再一次打磨好，为后来的教育叙事写作打下了坚实的基础。在整理材料和考核成绩的过程中，我学会了分门别类，理清了我的工作思路和行文思路。在教师培训中，主持一场场培训沙龙，锻炼了我的临场发挥能力。后来，面对名班主任选拔的现场答辩和考核，我都能从容应对。在教师读书领读活动中，我阅读了大量的专业书籍，做了深刻的思考和感悟，这些书籍奠定了我的专业能力，让我在优质课和教坛新星的评比中脱颖而出……生活从来不辜负汗水，在成功的果实中，每一次努力都被记录在册，每一点付出都算数。

当你无力改变时，就选择接纳吧，用脚踏实地的行动垫起成长的高度，最终定能收获教师这一职业的幸福感。

为工作和生活
觅得一个平衡点

　　"起得比鸡早，睡得比狗晚"……教师圈子里流传的这些话戏谑地表达了教师群体的无奈：工作任务繁重，教学压力大，付出后很难看到价值，常常得不到肯定。现实生活中不难看到那些朝六晚七每天工作 13 个小时的老师们，下班回家还要大包小包地带着备课的教材、学生的作业或者培训的笔记等。如何在工作和生活中找到平衡点，成为教师们亟须的职业救赎。

　　曾几何时，我也是这样"勤劳地忙碌着"，热切地盼望着能在工作和生活之间画上一条清晰的楚河汉界，将它们彻彻底底地分开。刚毕业那几年，我和两位同事租住在学校对面的居民楼里，上班时面对的是学生，下班之后谈论的话题仍然离不开学校和学生，晚上回到出租屋吃完饭，我们又结伴回到学校，在办公室备课、批改作业。两年下来，我发现自己的交往圈子缩减到了仅有的几十位同事，工作就这样堂而皇之地侵入了生活的领地并毫不客气地与我的生活掺杂在一起。那时候，我急切地想要为平淡无奇、波澜不惊的生活注入一点儿新鲜的活力。所以，当我要为自己置办一个小窝时，我选择了离单位十几公里远的地方。我以为这样便可以画出一道清晰明确的界线，将生活与工作分开，还给生活原有的五彩缤纷。

刚开始，我确实享受了假期中独居一隅的舒心安逸，然而，随着时间的流逝，原本以为的成功逃离变成了辛劳奔波。原来，真正的界线并不是靠十几公里的路程画出来的，工作和生活也并非交战的双方，有着不共戴天的仇怨。我们要做的是在工作和生活中间找到一个合适的支点，确保两边保持平衡。这需要合理的安排和"远虑"的智慧。

2020年暑假，我加入了雪梅读写团队。团队要求成员每月共读一本教育书籍，每周上交一篇教育随笔。这对连续几年带两个毕业班、担任班主任和教务助理的我来说是个不小的挑战。为了挤出下班后"8小时之外"的时间来读书和写作，首先，我重新规划了自己的时间。以前我习惯在夜深人静时静下心来备课，批改学生的作文或完成科研任务，现在我强迫自己必须在学校的"8小时之内"完成备课、作业批改以及教导处的各项琐碎事务，提高工作效率，力争不把工作带回家。有了规划便有了行动力，以前两节课才能批完一个班的作业，现在我规定自己必须一节课批完。为了防止自己走神或者受到其他事情干扰，批改作业时我选择站着批，踮起脚尖，这种不舒服的姿势会促使我快速批完；批作业时我故意把手机放在离我很远的位置，避免分散精力，等到批改全部结束，再拿起手机将作业情况反馈给家长，然后再集中处理群里通知的各项工作。当有的老师一边聊天一边批改作业，有的享受着上完课的舒适闲暇时，我一定深潜在自己的精神世界中，在聚精会神地埋头工作。

其次，注意积累，做到事半功倍。在备课组集体备课的基础上，我精研精制课件，积累优质试题形成题库，减少了选题的时间浪费和备课的时间花费。我欣喜地发现，跟随团队读书的过程提高了我领会书中要旨的能力，阅读文献资料、备课的速度都提高了。

再次，分清主次，做到删繁就简。工作中有些任务是需要花费大量的心思才能完成的，如工作计划和总结、各项班级赛事、公开课……战线很长，耗费精力。而有些是没有技术含量、不需要动脑就能做完的，比如每天填写表格汇报班级人数、测量体温……不在没有技术含量的事情上浪费时间，学生干部能做的事，班主任绝不包揽。只是参与、不求成绩的比赛，干脆就不要去浪费精力。生活也是如此，朋友间耗时的闲聊、打发时间的闲逛以及为了达到某种目的而做的应酬，皆不如潜心读写让人生活充实。

最后，还有一个让我受益的方法，拿出每周日晚上的时间做一周工作规划和盘点，从备课内容、家庭作业布置到班级事务、教导处工作，做好规划，列出清单，适时微调，做到成竹在胸。就这样，我出色地完成了自己承担的各项工作并且保证了读书和写作的时间。

当然，润滑工作与生活的关系是最重要的。现在，我想如果住在学校周边，省去上下班路上的一个半小时，我就可以有更充足的时间去生活，去读书思考，去写作了。读写成了我生活的主要内容。虽然有时仍然免不了将备课、作业和班级事务带回家中处理，但是我已经没有了昔日的委屈和忙乱，心态也更加平和，因为我渐渐感到读写的生活其实是与工作息息相关的。与学生相处时那些发光的点滴会在不经意间从我的笔尖流泻出来，成为我写作的素材和源泉。深夜孤灯下为学生写明信片，引发了我一连串的思考，创作了《微写作，让班级向善向美》并得以发表。夜半与购物网站客服商讨班徽设计样式，让我对自己的工作方法进行了梳理小结，写成了《调动班级管理智慧，增强班级凝聚力》。为了让学生养成良好的个人卫生习惯，我们班借助网络的优势和便利，利用周末闲暇时间开展了"我的卧室秀"活动，这激发了我更多的班级管理灵感，并写了《立足日常，在学生心中埋下一颗劳动的种子》一文……工作，为我的写作提供了源源不断的素材和灵感。写作思考的过程，其实也是反思梳理的过程，让我澄清错误的认知，不断提高班级管理能力和水平。

如今，我的读写生活已经与工作达成了和解，二者已成为休戚相关的挚友，这样的生活让我乐在其中，并且引以为豪。著名班主任于洁老师曾深情地说："从事班主任工作 20 多年来，我很快乐，因为我没有把教书当成一种职业，也没有把它当作一种事业，而是像个孩子一样，心无杂念地专注于自己喜欢的天地，也许只有这样才会在无意中触摸到教育的本质。"教书就是于洁老师喜欢的天地，在这一方天地中她享受着快乐，所以并不感到痛苦。其实，工作和生活就像跷跷板的两边，虽然有时会面临你高我低的处境，但仍然有木板联系着，倘若真的分成了两半，便再也跷不起来了。我们只要觅得了平衡点，就能像于洁老师一样享受教育的快乐。

我想，读写就是我觅得的工作和生活的平衡点。

张弛有度，
破解平衡工作生活的密码

晚饭后，我刚伸出手准备收拾餐桌，妈妈立马抢过我手里的碗筷，斩钉截铁地说："不用你，你快去忙你自己的吧。"她所说的"忙你自己的"指的是我的学校工作、班级管理、语文教学、读书、写作等等，她虽然未必知道我都在忙些什么，但是却毫无保留地支持着我。能够承担的家务劳动她已经承担了大半，自己的身体健康又从来不用我操心，为我解除了所有的后顾之忧。

然而，每次听到妈妈说"忙你自己的吧"这句话，我的内心就无比愧疚，仿佛我总是有做不完的工作、处理不完的事情和加不完的班。周末休息、和家人小聚，这些在别人看来司空见惯的休闲娱乐活动，她却要小心翼翼地征求我的意见。待我把手头的事情安排好，告诉她"明天没事，空出来了，可以放心地出去玩了"，她先是一阵高兴，紧接着反而愧疚起来，面色凝重："不会耽误你工作吧？"仿佛我就是为工作而生的。

一旦我因为家庭和生活耽误了工作，她就会背上沉重的负罪感。我极少为家庭解决困难和问题，还常常连累家人为我、为我的工作做出牺牲。我知道，这样的状态不能一直持续下去，毕竟我现在还是单身一人，倘若像同事们那样既当女儿，又当两个孩子的妈妈，又如何能应付得了？

其实，像以前的我一样，每天都被工作捆绑得难以喘息，始终处于高度紧张的压力中，这样的老师大有人在。绷得太紧容易弦断曲散，适度的松弛和停歇才能积蓄起下一次飞跃的力量。

学会给心灵空间留白

2019 年教师节，"昆山教育发布"公众号公开了一段视频《教师的十二时辰·于洁》，视频中让我印象最深刻的是于洁老师每天早晨出门前都会倚坐在飘窗前，眺望窗外的风景，喝一杯玫瑰花水，静心享受属于自己的 5 分钟。这 5 分钟给了于洁老师极大的能量，帮助她开启元气满满的一天。每天下班回家后，她也会坐在飘窗前，凝视着窗外的夜色，静心 5 分钟。她说："不管多难，我都会将这一天的不愉快和烦恼都忘掉，明天再见到学生，就感觉又开始了新的一天。"每天两个 5 分钟，是于洁老师自我调适的法宝。这两个 5 分钟也能帮助她应对纷杂劳累的工作。

我借鉴于洁老师的经验，每天也给自己 10 分钟。每天早晨的 5 分钟用来精心规划今天需要完成哪些工作，每一个课间需要找哪些学生谈话，中午要跟哪些家长通电话，近期的重点工作今天可以进行到哪一步……提前规划好，用项目清单的形式清晰地记录下来，做到胸中有丘壑。每天晚上回顾反思 5 分钟，做好一天的总结。完成的工作打钩，未完成的选择什么机会来安排；今天的哪些工作处理得好，方法得当，可以延续使用或者供别人参考借鉴的要重点总结单独记录；今天发生了哪些有趣的事，用一句话概括下来，留作教育写作的素材；哪些事情处理得不够好，可以采取什么方法弥补，如果再遇到相同的问题该如何解决，可以参考哪些名师的建议……

　　这些留白的心灵空间是紧张繁杂的工作中难得的"松弛"，看似无用甚至浪费时间，却给了我清晰的工作思路和宝贵的精神财富，也是我能够保持"永动"的动力源泉。

学会为专业成长让路

　　与很多行业不同，教师是一个输出远远大于输入的行业。给学生上课、讲题，与学生交流、谈心，跟家长打交道，都需要大量的输出。如果不能主动接受培训、参与学习，那么教师输入的机会非常少。不少老师都有同感，刚毕业的时候，对每一个学科的知识都有足够的储备量，一个语文老师完全有能力给孩子们讲数学题和物理实验，可是随着教龄越来越长，知识的储备却越来越少。除了自己主教的学科，再也没有勇气涉足其他的领域了。究其原因，主要是教师在终日的紧张忙碌中主动放弃了成长的机会，我们的大脑变成了紧张工作的跑马场，却忘了给自己的专业成长让路，哪怕是一条羊肠小道。教师，也不应该忘记给大脑充充电，输入一些专业知识和能力。

著名教授孙绍振先生曾经大声疾呼"做一名合格的语文老师"，表达了他对当前语文教学现状的不满，对语文老师专业知识匮乏的忧虑；王维审老师用现代的德育解释"传道"，将传授知识的智育对应"授业"，教育的艺术则为"解惑"，高呼"千年之前的古人就已经知道教育不光应该传授学业知识，也不能单纯地生硬灌输"。然而，现在有多少老师还在自欺欺人、自以为是，简单而粗暴、生硬而执拗地教育着孩子。那些繁杂的琐事真的应该为教师的专业成长让路了。其实，获得专业成长并不难，只要对发现的问题脚踏实地地研究、精深地钻研，就是一种主动输入。能够潜心于专业知识的学习、专业书籍的阅读，那是难能可贵的输入，主动接受前沿的理念、高端的思想更是难得的输入机会。

获取专业知识和能力是紧张忙乱的工作中稀有的"松弛"，这样的"松弛"在短期内可能看不到效果，但是却让我成为一名合格的语文老师，让我对待学生能够"呈以真心，示以真知，授以真爱"，让我的学生感到幸福，也让我在智慧管理班级之余有更多能自由支配的时间和精力。

　　班主任的工作和生活一不小心就会被紧张的节奏填得满满当当，只有主动停下脚步，适度地给心灵留一些空白，让繁杂琐事为专业成长让路，才能获得更大的能量，有更坚实的翅膀，将来才能承担起更多的责任和使命。

转变观念，
减掉教育焦虑

2021 年的暑期刚刚开始，中共中央办公厅、国务院办公厅就印发了《关于进一步减轻义务教育阶段学生作业负担和校外培训负担的意见》。"双减"政策一出台就掀起了轩然大波：义务教育培训机构忧心忡忡，想方设法求生存；不少家长拍手叫好，想到下班后可以不用辅导孩子的作业，不用支付高额的辅导费，并且可以享受学校提供的安全、专业又经济实惠的托管服务，家长们已经开始想象"双减"政策后"母慈子孝"的生活了。

但是，"双减"真的减掉了家长的教育焦虑吗？

"双减"政策实施以来，教育的焦虑得到了一定的缓解，随后不少地区就出现了家长不想参加课后服务的现象。究其原因，是因为家长依然存在着担心孩子输在起跑线上的心理——"别的孩子上补习班，我的孩子也要上，只有这样功课才能跟得上。""虽然孩子目前的成绩不错，但是如果停止努力，会不会被超越呢？能不能保住现在的优势呢?""学校课后服务依然是老师少学生多，我的孩子能享受多少教师的资源呢？能和一对一、一对二的服务效果相比吗?""即使孩子的作业和课后托管不是难题，学业考试也不以分数来呈现，但是选拔人才仍然依靠竞争，一不小心就会被体力劳动和脑力劳动的分水岭阻隔，只要竞争存在，就要保证我的孩子在未来的竞争中胜出。"……所以，想要减掉教育焦虑，仅仅依靠"双减"政策是远远不够的。

与"双减"政策相适应的，应该是家长、社会对教育效果的评价的彻底转变——不以考上"211""985"等名校来评价教育的成败，只要孩子成为最好的自己，教育就是成功的。因为教育是"把自己还给自己，把别人还给别人，让树成树，让花成花"的事业，能够就着孩子原来的性情，让孩子在自己的能力范围内实现最优，就是成功的教育。只有彻底转变观念，才能减掉教育焦虑。

我所任教的学校是一所地地道道的农村初中。在这里，并不是所有的孩子都能考上公办高中，这就意味着很多孩子上完初中就注定与"211""985"无缘了。其实，只要不放弃学习，每个学生都能成就精彩的人生。今年春节，我收到了学生菲的QQ留言，菲的开场白是这样的："老师，我现在在二职学物流管理。别看我是二职的，我可是二职里埋头苦学的人，去年参加市赛和省赛都得了一等奖，您的学生有出息了！我们班里的同学以后都想读大专，但我想凭借省赛一等奖的荣誉继续考本科。"紧接着，菲转发给我二职微信公众号上发表的一篇文章《超赞！又一个省赛第一！》。菲在初中时是一个成绩不突出、性格内向、不善言辞的孩子，所以没有考上公立高中。不过，他酷爱跑步和锻炼，运动会的接力赛上他的最后一棒常常掀起全校运动会的高潮；他品德高尚，周末和同学在体育场打球时捡到大量现金，积极寻找失主，拾金不昧的行为感动了失主，失主亲自到学校送了一面大锦旗和一封感谢信……像菲这样的孩子，我相信他将来的生活一定不会差。他一定能够凭借钻研的精神，成为蓝领中踏实肯干、技术过硬的优秀人才；他一定可以凭借自己勤劳的双手创造殷实、红火的日子；工作之余他一定还会坚持锻炼，心态阳光，积极向上；他的生活一定是富有情趣、无比精彩的……这，难道不是我们希望看到的一个孩子未来的样子吗？

国家大力推行职业教育已经有好几个年头了，职业高中、中专、技校学位充足，孩子能掌握一门适应未来社会的生存技能，将来的就业有保障，这也是精彩人生的开始。

同事的外甥宇在我的班上，为了能给外甥提供好的学习环境，同事把宇接到了自己身边，不仅在学校对他"严加看管"，在家中也是天天辅导、高压不断。同事的孩子只有三岁，极度依赖母亲，她还要照顾宇的衣食起居和学习。这四年，同事过得苦不堪言。可是，我却亲眼见证了四年来两人的情感变化：住进小姨家之前那个和小姨无话不谈、形影不离的宇，四年后却和小姨产生了几分隔阂和疏离，甚至有过离家出走、不想上学的想法……中考结束，宇没有考上公办高中，去了省会城市的一所五年制高职，选择了自己喜欢的牙医专业。聊起此事，同事不无感慨地说："如果时光可以倒流，我一定不会把他转到咱们学校，一定不会让宇住在我家。这四年，宇的生活、学习都是我一手照顾的，他的生活自理能力很差，他到外地求学五年，肯定要吃不少苦头。其实，我们早就料到结果是这样的，因为宇的性格并不适合潜心钻研，也不能忍受冷板凳，他更擅长动手操作，只是我们做家长的不甘心而已。现在回头想想，与其逼迫他四年，真不如在这四年里让他做些喜欢的事，也不算枉费了光阴。他对要去读的专业很感兴趣，暑假玩够了，就自己在网上查阅资料，开始学习了，而我们谁也没有要求他这样做……"

我想，和同事一样过程中挣扎、事后悔恨的家长并不在少数，和菲、宇一样寻得自己的兴趣所在，义无反顾地奔赴的孩子也很常见。那么，何不赶紧转变教育观念，在"双减"的浪潮中为孩子寻得一方驰骋的天空，为自己解开缚心的绳索呢？只有这样，才能真正减掉教育焦虑，才能真正做到"让树成树，让花成花"。

转变思路，
扎扎实实做德育

德育是党和国家一直以来关注的重点问题。2012 年，党的十八大报告提出"把立德树人作为教育的根本任务"，这是党的重大政治宣示，这是对中学德育工作的规范和指导。该报告强调学校教育要以"德育为先"，应重点抓好学生的思想道德素质教育。

德育工作中存在的问题

虽然德育工作被摆在了重要的位置，但是学校教育仍然存在不少问题，面临着诸多困境。

（一）重智育，轻德育

由于德育的教育效果难以考量，成效也不在中考的"考查"范围之内，所以被很多地方和学校弱化为"说起来重要，做起来次要，忙起来不要"的标语式口号。教育行为紧紧围绕着中考这根指挥棒转，没有中考做后台的科目只能在夹缝中求生存。当那些中考分值高的课程需要增加课时，德育课、班会课、心理健康课等就要乖乖地让位。

部分班主任对智育的重视，对成绩考评的看重，也是德育被弱化甚至难以推行的原因。为了应付德育部门的检查，有的班主任"挂羊头卖狗肉"，黑板上赫然写着班会课的课题，然而学生却趴在试卷上奋笔疾书。这样的德育，是不是给学生做出了掩耳盗铃的典范？

（二）重形式，轻实效

德育工作的成果若需要留痕，那必定少不了现场展示以及照片、视频材料的留存。为了保证展示的效果，那些做得好的学校和班级反复演练、不断打磨，做成精品；做得一般的学校和班级往往最需要改进，但是反而止步不前。这样注重形式而轻实效的做法直接导致德育成为名校和尖子班的专利，德育渗透到每一个孩子的效果大打折扣，实效性严重不足。

（三）重能力，轻品行

教师被尊崇为"人类灵魂的工程师"，教师精神引领的地位凸显出来。作为学生的精神导师，教师首先应该是品行端正、品德高尚、品质突出的人。然而，从教师招聘考试这一行业入口来看，对教师人格品性的考查极为欠缺，没有把好入口关。从班主任的选用来看，其实，实际教学工作中基本没有"选用"这一说，付出与肯定的不对等导致班主任岗位成为教师避之而不及的苦差事，有资质、有实力、能和领导"谈条件"的老教师坚决不当班主任，班主任岗位大多落在了毕业不久的青年教师身上。这些青年教师大多是"90后"，他们往往刚刚踏上工作岗位，没有经过历练，经验不足，但只要会教学、有成绩，就会被委以班主任工作的重任。有些青年教师对责任、担当、合作的认识不够深刻，这在班级管理上的一言一行中难免暴露出来。

中学德育的改进措施

（一）完善评价机制，肯定德育工作者的付出

首先，要改变"重智轻德"的现状。如果说智育是保证人生存的食物，供给身躯以营养，那么德育就是空气，它应该散布于教育工作的方方面面，滋养人的灵魂。要切实改变仅以应试教育为指挥棒的现状，要以真正的素质教育代替应试教育。

其次，要完善德育工作的评价机制。要加强对日常德育工作和德育成果的督导检查，让德育的效果落实、落地，让德育的阳光真正遍及每一个孩子。要加大对中学德育工作者的重视和投入，给予德育教师、班主任一定的重视。既然考试成绩与教师考核挂钩，决定着教师的考核和排序，那么，比学科教学还重要的班主任工作应该被赋予考核的量化分值，这样才能充分激发教师担任班主任的热情。精神的引领同样重要，对担任

班主任工作 5 年、10 年、20 年甚至更久的老师，给予一定的精神认可更能鼓励他们持续发力。

"其身正，不令而行；其身不正，虽令不从。"教师的示范作用非常重要。与此同时，只有严把教师和班主任的准入关口，加强学生和家长对教师的评价，对德育工作者进行全方位监督，才能促使教师不断进行自我完善。

（二）明确责任分工，家校社强强联手

中学德育是全方位、立体化的教育，仅仅依赖于学校的力量是远远不够的，要充分调动家庭、社会，协同配合，多管齐下，才能卓有成效。要大力推动家庭教育，让家长认识到德育的重要性，营造良好的家风，配合学校的教育，促进学生成人、成才。对于家庭教育能力缺乏的家长，学校可以开设家长课堂，对家长进行全面的培训，让家长有能力参与到德育过程中。此外，还要调动社区的力量，与社区齐抓共管，净化社会环境。充分发挥网络平台的优势，形成良好的社会德育氛围，对学生进行正面的引导。只有家庭、社会、学校协同配合，才能创造良好的德育氛围，发挥出育人的力量。

（三）调整德育内容，满足当代中学生的需求

中学生是道德教育的主体，具有主观能动性，而这种能动性常常被我们忽视，道德教育的内容只有将教育主体的能动作用调动、发挥出来，才能起到良好的作用。国际上较为

先进的德育工作，在德育内容上表现出的共同趋势是关注自身、他人、自然、社会和国家之间的相互关系，关注学生思维能力的培养，在反映德育理论研究新成果的同时兼顾本民族的文化与道德传统。学校德育工作的改进可以借鉴国内外先进的经验和做法，优化德育内容，并将德育内容的选择权交给学生，以满足学生的需求。

德育改进不是纸上谈兵，不是空中楼阁，只有扎扎实实地推进，才能不断接近我们的期待，立德树人，为国家、社会培养出合格的公民和接班人。

把准成长脉搏，
与孩子同频共振

"同学们，这节课咱们就上到这里，大家休息吧。"

我的话音刚落，孩子们就长叹一声，迫不及待地趴到了桌子上，除了几个去洗手间的、接水喝的、交作业的、找老师的孩子外，教室里几乎所有孩子都齐刷刷地选择了在这难得的课间10分钟里闭目养神。我能想象到刚刚过去的这节课他们顶着千斤重的困顿，又不得不给老师面子，好好听课，过得多么煎熬。我虽然知道中考复习阶段孩子们的作业多、压力大，而这个班级的学生理科思维较强，对语文不是很感兴趣，但我仍然有强烈的挫败感：论语文成绩，我的教学是成功的，但是，这是孩子真正想要的课堂吗？

带着这样的疑问，我悄悄地驻足于其他任课教师的课堂外，观察课堂上孩子的表现，发现那些语文课上蔫头耷脑的孩子在数理化课上却神采奕奕。我走近学生，倾听他们的心声——他们理想中的语文课是什么样子的。

我发现，数学课上通常看不见老师站在讲台上侃侃而谈的身影，经常是孩子们在黑板上写写画画，一个讲完，另一个紧接着上场，连"主持人"的中场串联都不需要。向数学课代表请教后我才知道，原来前一天布置作业时，数学老师就会把作业中的难题进行分配，谁负责讲哪一题，提前投放，提前准备，课堂上孩子们就化身聪慧的小老师来到讲台上讲题。看着自己同伴的精彩表现，鼓掌都来不及，哪里还有时间犯困呢？难怪数学课上孩子们都会那么自信。我发现，物理老师要么手拿一颗大铁钉表演着铁钉变磁铁的小魔术，要么把教具粘到黑板上，演示着一个家用电器是如何接通了流动的电流顺利通电工作的。孩子们求知的胃口被吊起来，满怀期待地想要得到答案。难怪，孩子们的目光会紧紧跟随老师。反观我的语文课堂，学生既没有广泛参与的热情又没有破获真相的自信，难怪会觉得无趣。

　　于是，我优化了自己的教学设计。作文讲评课上，我把优秀作品的小作者一并请到讲台前，让小作者为我们朗读他们创作的饱含深情的文章。优秀的文章积累得多了，就为孩子做一次个人作品展，小作者不仅要学习微信公众号的编辑和发布，而且要组织好打印的相关事宜，把文章张贴在班级的瓷砖墙面上展示。我还邀请小作者签名售文，过一把作家瘾。即便是常见的新授课，也可以将相关的人物介绍、背景资料的展示任务提前投放给学生……轰轰烈烈的活动开展下来，孩子们不仅对语文学科的兴趣变得浓厚了，他们的组织能力和自信心也在参与的过程中建立了起来。

每学期我总要外出学习几次，时间长的话，可能一周不在学校。之前我一般会向同事求助，很不好意思地请求他们在完成自己的教学任务后帮我代两个班的课。而结果通常是，这些老师增加了工作量，孩子们还不买账，学习效果也并不让人满意。有的孩子在《老师不在的日子》中写道："一看语文老师还没回来，是别的语文老师来代课，我心中窃喜，这节课又可以偷偷摸摸地写自己的作业啦……"参与感没有得到满足的孩子们就这样浪费了老师的一片苦心，虚度了大好的年华。后来，我将学习任务交给了课代表和几位小组长，把教学参考书借给他们，让他们相互协商，共同设计和讲授，让学生真正成为课堂的主人。同伴的力量远远大于老师，在他们的带动下，班里一片热烈的学习景象，而我也免去了向同事求助的尴尬。

什么样的课堂才是孩子们渴望的课堂呢？用孩子们的话来说，就是"让我们能够发挥自己的作用，让我们的价值得到体现的课堂"。是啊，或许孩子们讲得远远不如我们流利精准，如果不让他们参与，课堂的节奏可能会进行得更加顺利。可是，孩子们的生活中并不缺乏这样千篇一律的重复，他们充当课堂观众的时间已经太久太久了，他们渴盼的正是这看似拖沓其至无用的尝试，需要的正是老师在课堂上的适当隐身，让自己找回课堂主人的地位。

每一种现象的背后都隐藏着重要的原因，只要我们善于思考，愿意走一步，再走一步，向教育研究的方向迈进，就会发现教育工作别有洞天，就会把准孩子们成长的脉搏。与孩子同频共振，才能协奏出生命的成长乐章。

线上线下融合，
让学习真正发生

    "我激情澎湃地讲了一节课，学生们低着头，也不知道有没有听懂，还是压根儿就没听。"年轻的语文老师刚上完课，回到办公室，一边倒水一边嘀咕。"你们年轻老师对学生还有吸引力，像我这样老态龙钟的，学生连看也不愿意多看一眼，更不爱听我讲课了。"一位老教师附和着。其实，这是教师在线上教学中经常遇到的窘境：评价不能及时跟进，学习行为不能随时监测，孩子们对学习内容没有兴趣，上课开小差，学习效果堪忧。

    "今天的直播课，我连麦了两个孩子，他们好像大梦初醒，要么借口信号不好，要么答非所问。看不见学生的听课状态，我心里真没底。"英语老师紧皱着眉头说。"对呀，虽然后台有记录学习时长，但是人在心不在，又有什么用？"化学老师叹息着。"我今天用的视频会议，倒是看到了孩子们的身影，但是有几个孩子眼睛直直地盯着屏幕，我看他们眼镜上反射着电脑红红绿绿的光，根本不是我的课件，我总觉得他们打开的是游戏页面。问他问题倒能答个差不多，可是这样三心二意地学习，能扎实吗？"细心的语文老师附和道。"我把视频发在群里，并且设计了跟踪记录和视频播放中的随机提问，还是不能保证学习的效果。"我也一筹莫展地叹息着。视频班导会一时陷入了尴尬。

"是吗？我觉得还可以呀。"一向爽朗的数学老师发声了，"昨晚，我把作业中的难题分配给了班里的几个孩子，他们做了讲解视频发在群里，孩子们看得可认真了，还给视频制作者提出了改进意见，我打算今晚还用这种方式布置作业。即便网课结束正常开学以后，咱们仍然可以延用这种方式。""看来不是孩子们有问题，是咱们的教法不对呀，咱们也要向数学老师学习，探索新思路。"一番对话，引发了老师们长久的思考。

如今，孩子们早就恢复了正常的线下学习，但线上教学的优势和长处依然可以服务于我们的教学。

线上线下优势互补，调动学习兴趣

线上学习时，学生省去了上下学路上的奔波，有了更充裕的时间，利用这些时间读书，也有助于学生增长知识、丰富生活，语文教学中的名著阅读也能够顺利开展。

传统线下教学中，每周我都会保留一节阅读课，在 45 分钟里让学生静心阅读 30 分钟,为了保证阅读的效果,我会留 15 分钟让学生交流分享,摘抄积累。如果单纯依靠阅读课,学生的阅读量很难保证,甚至连必读的名著也无法读完。如何调动孩子们阅读的兴趣,将阅读行为由课内延伸到课外,是所有语文老师面临的一大难题。在数学老师的启发下,我开发了一套"心悦读"系列课程,借力协作区的研究成果《百部经典影片》资源,精选出影片中适合学生欣赏的最精彩的 5 分钟片段在课堂上投放给学生,以此来激发学生的阅读兴趣。例如:《简·爱》中罗切斯特先生借一位贵族小姐试探简·爱而引发简·爱的经典独白,主人公的独立、追求平等的形象表现得淋漓尽致,那么社会地位悬殊的男女主角是怎样相识的呢?他们后来的结局如何呢?这些问题吊足了学生的胃口,让他们有开始阅读、主动探索的渴望。

生物老师善于培养学生的动手能力,探究"开花与结果"这部分内容,让学生走出家门走进小区辨认花朵的各部分结构,选取几份样本,每天为它们拍摄视频或照片,记录花朵变成果实的过程,在两周之后的展示课上基本完成了《传粉和受精》一节的大部分教学任务。从实践中得到知识,在探索中发现自然的奥秘,孩子们学习的兴趣被充分激发出来,对这部分知识掌握得十分牢固。化学老师讲授溶质、溶剂、浓度的相关知识,物理老师携手数学老师制作弹簧测力计……这些都由学生在家中亲自试验，通过线上课堂直播展示，学生的参与热情极高，学习兴趣浓厚。

线上线下融合共赢，驱动学习行为

为了追踪学生阅读的过程，我设计了分层阅读任务单和阅读试题库，不同层次的学生都能借助任务单指导自己的阅读过程，自我检测阅读的效果。通过线上发送智能填表，可以收集学生的答题情况，迅速得出统计结果，对学情的掌握更加客观、全面，阅读指导的针对性也更强。不仅如此，喜马拉雅、为你读诗等手机软件记录下了我们每天有声读书 10 分钟的全过程，孩子们将朗读音频分享在群中，相互鼓励、相互点赞，课堂上师生共同品评，读书的脚步从没有停下，学生养成了良好的读书习惯。另外，学生每天将自己圈画、批注的读书照片发送到家校本中，相互学习借鉴，学生抓取主要信息的能力、赏析品评的能力都得到了大幅度提高。

读，是最低层次的要求，悟才是读书的更高境界。每周日晚八点的"蒲公英读书分享会"是我们共同的约定。起初，我自己担任主持人，引领学生分享最近一周的读书体会，后来，惠琳、家仪、妮娜主动加入了主持人的行列，每周按时发起视频会议，写主持词，设计读书会的主题和流程，适时提问。担任主持人使学生的表达能力、组织协调能力得到了极大的锻炼，思维能力和应变能力得到了迅速提高。经过思考、提炼和分享，孩子们的书读得越来越透彻、越来越深入，而且相互推荐的力量使读书的范围也越来越广泛。一开始连坐都坐不住，即便读书也是走马观花的东升，在读书分享活动中逐渐迷恋上了读书。读《水浒传》，他分析了晁盖死后，宋江成功地坐上第一把交椅的原因，分析宋江麾下的好汉们身上的优势和性格，鞭辟入里，头头是道。东升的变化让大家刮目相看。线上线下教学方式的融合让孩子们的学习变成一种自觉的行为。

线上线下双管齐下，评价学习效果

对于学习效果的评价，由于评价手段的限制，评价通常呈现出单一化。线上线下双管齐下，为评价提供了多元的方式。

注重过程性评价。每天都能在家校本中上传读书批注图，每天都能坚持有声读书分享 10 分钟。这样，孩子即便在每部名著最后的试卷考查中没有达到优秀，仍然可以获得"读书小达人"的称号。过程性评价让学生养成了牢固并持久的读书习惯。

挖掘创新性评价。学生撰写读书感悟张贴于年级看板上展示交流，是一种评价；做客"大美之声"广播电台，接受主持人采访，为全校师生朗读自己的作品，也是一种评价。创新的评价方式反过来又推动着学生的长足进步。

关注综合性评价。担任线上"蒲公英读书分享会"的主持人，承担微信公众号制作任务，组织家长读书沙龙活动……学生总能找到自己适合的角色。在参与活动的过程中，学生的表达能力、沟通能力、组织协调能力和自我管理能力得到了极大的锻炼，收获了更好的成长。线上线下相结合的多元的评价方式，让学生的学习效果有了更多的外显途经，不同能力的学生都能恰如其分地表现自己，并得到老师、同学的肯定。

小恩是一个阳光开朗的大男孩，屡次搬家和转学的经历使他的学习成绩不尽如人意。在读书分享活动中，他只能读懂皮毛，不能领会其中的深刻含义，也组织不出优美的语言写好一篇读后感。但是，小恩在电脑操作方面是一位高手，活动横幅的制作、微信公众号的运营都有他忙前忙后的身影。他希望毕业后自己能够开一家广告公司，做出顾客满意的设计。他说："读书能让我增长见闻，览尽人间百态，即使我的阅读效果不尽如人意，但我依然热爱阅读。"这样的读者，是真正的读者，也是我们的读书达人。

"使卵石甄于完美的不是锤的打击，而是水的且歌且舞。"作为未成年人的初中学生，不能规范约束自己的学习行为是情理之中的。但是，想让学习真正发生也不是不可能的事情。我们教师只要善于钻研，充分发挥线上线下的融合力量，定能调动学生学习的积极性，驱动学习行为，使学习在评价的推动下真正地发生。

教育的全部奥秘
在于如何爱孩子

  刚踏上工作岗位的年轻班主任拥有最为可贵的教育情怀和对孩子最纯真的爱，有着"大展身手"的雄心抱负和满腔热情，期待着与学生打成一片。然而，教育同时也是一门充满缺憾的艺术，教师的一言一行都会为孩子打上生命的底色，稍有不慎就可能在一颗幼小的心灵中留下伤痕。教师既应有"爱"，更需知"如何爱"。

以平常心预见班主任工作的琐碎

  爱别人的前提是爱自己。做好自己的心理调适，建设好自己的精神家园，方能在教育工作的琐碎和漫长中为自己的教育情怀棹一叶精神的轻舟。

  浙江省德育特级教师韩似萍说："班主任永远都不要寄希望于没有问题，没有问题我们的工作就没有了价值。"纵观那些名师、名班主任的成长经历，无不是从琐碎甚至忙乱中挣扎出来的。王君老师也曾遇到过让她意外又恼火的事情：那株枝繁叶茂的，装点着教室生机活力的吊兰被掐得只剩下了根部，生命岌岌可危；值日生没有完成分配好的任务，反而大打出手，一个棉袄被扯烂，一个左脸被打青。被《中国教育报》评为"2019 年度推动读书十大人物"的王维审老师甚至被自己村里的小孩和自己单位的同事质疑过"他也算是老师吗"。如果这些名师都被眼前的琐碎打倒，向不堪的现实缴械投降，那么又怎会有王君老师让我们佩服的治班之道，又怎么会有王维审老师让我们折服的深度思考？

教育工作琐碎繁杂，教师应该用一颗平常心面对各种问题，并且深信正是这些琐碎的工作和问题筑成了班主任成长的台阶。经历得越早，成长得越快。班主任的力量正是来自对琐碎的教育工作的热爱，也来自对教育工作的探索与实践。

以善学心增强班主任工作的技能

苏霍姆林斯基说过："教育技巧的全部奥秘就在于教师如何爱孩子。""如何爱"引导新班主任关注教育"术"的层面。

读书是新班主任增强工作技能最简单、最有效的方法。"班主任要不断提高自身素质，就必须多读书。"知名班主任钟杰老师认为，工作繁忙的班主任应该带着极强的目的性去阅读一些关于班级管理的专业书籍。她把自己阅读的书籍分为三大类：娱乐类的小说、杂志，知识类的教育技能、教育理论、哲学、美学、心理学等，心智提升类的教育、人文社科等书。只有全方位地阅读，才能拥有充满智慧的大脑。她还与时俱进，学习新知，在乡村教学时不仅没有自暴自弃，还学会了上网学习，把平凡的事务转化为精彩人生。

实践与探索是内化并运用知识的一大法宝。一位著名的教育专家说过，他喜欢做班主任，因为班主任有一块试验田，可以将想法在试验田里播种，大胆地尝试，往往会有意外收获。郑英老师对女生发型的智慧管理、王文英老师对情窦初开的少男少女的科学引导、高金英老师的课堂小魔术以及她团结任课老师的暖心做法，我都在班级中进行了尝试。我的尝试不仅培养了优良的班风和学风，收到了良好的效果，更得到了家长和任课教师的肯定。

反思和积累是新班主任成长的必经之路。王维审老师时常反思自己与学生相处的点滴小事，并将其写成了4部教育专著，高金英老师建议每一位班主任应该建立自己的德育资源库、学生案例库、活动素材库、管理方法库以及幽默笑话库，多读多背，做到用时就能信手拈来。只有心中有问题、过程有记录，结果才能有表达。我将学生问题深度思考，完成了一个又一个科研课题；我将工作中创新家长会等优秀做法进行总结，形成了自己的班本课程；我跟随雪梅读写团队读书、写作，读了一本又一本好书，发表了一篇又一篇教育叙事。

常怀谦卑求教的态度，抱定善学好思的心，新班主任一定能越来越"会"爱自己的学生。

以仁爱心坚守班主任工作的初衷

有一幅幽默的漫画曾经风靡一时，配文是："我养了好几年的一条鱼死了，我悲伤不已，想给它火葬，把鱼灰撒回海洋。可谁知道鱼越烤越香，后来我就忍不住买了瓶雪花，带着它勇闯天涯……"漫画用诙谐的口吻揭示了一个深刻的道理：我们在教育旅途上行走的过程中常常会忘记初心和使命。

当淘气的孩子倔强地把头扭向一边，拒不承认错误时，请回想马卡连柯的名言："爱是无声的语言，也是最有效的催化剂。"当孤僻的孩子用永远的沉默对抗着你的所有关怀和付出时，请重温著名教育家魏书生说过的话："育人先育心，只有走进学生的心灵世界的教育，才能引起孩子心灵深处的共鸣。"当叛逆的孩子、更年期的父母碰撞出的火花伤到你时，请默念苏霍姆林斯基的话："教育艺术的顶峰是师生家长心灵交往的和谐境界。"

即使班级工作繁杂琐碎，也不能消减当初的教育热情；即使教学过程坎坷曲折，也不能荒芜了内心。

请时常抬起头来回望自己出发时的情怀，细数行进路上那些让人感动的瞬间。

请记得这样的初心：教育是一棵树摇动另一棵树，一朵云推动另一朵云，一个灵魂唤醒另一个灵魂。

请记得这样的使命：尊重和爱护孩子的自尊心，要小心得像对待一朵玫瑰花上颤动欲坠的露珠。

有了平常之心做帆，善学之心做桨，仁爱之心指引方向，新班主任必定能够完成化蝶般的个人成长，驶向专业发展的广阔远方。

读书，
入耳更要入心

　　生活的快节奏给现代人上紧了发条，让人随时处在高速运转中。老师们总是应接不暇地开完一个会又奔赴下一个会场，学生们一节课紧接着一节课，忙忙碌碌地吃饭，匆匆忙忙地被装进车子运送回家。快节奏使社会分工精细化，很多事情有人可以代劳：我们不用去买菜不用会做饭，就能吃到美味可口的饭菜；我们不必亲自跑到商场一件一件试穿，就可以挑选到称心如意的服装；甚至，我们不用眼睛不用手，不必凝神静心，不必郑重地捏起、翻动书页，只需要竖起耳朵就能阅读；如果这样的听读都没有时间，还有人帮你把书读完，拣其精要，讲给你听。

　　如果说精细的分工方便了我们的生活，那么由他人代劳的读书，究竟是令人惊喜还是让人担忧呢？这样只入耳不走心的阅读，是我们师生真正需要的吗？

　　在中学生中推广阅读不仅是为了让学生领略书中的内容、

我与学生共成长

会读会写，更是为了培养学生的审美鉴赏能力和创造能力，加强学生对文化的理解和传承能力，养成受益终生的阅读习惯。如果学生时代不曾静心领略那些精妙语句的智慧，不能体会警示之语撞击心灵的震撼，又怎么能学会跟着作者一字一句地构筑起精神的大厦？读书是最不应该由他人代劳的事情，一定要走心，一步一步踏踏实实地去读。一旦走心，必定会有所收获。在班级中推广阅读，我是这样做的。

静心阅读，埋下乐读的种子

阅读，是最廉价的成长方式，是打破农村中学孩子的眼界壁垒的最佳途径。而那些被匆忙的教学节奏捆绑着的老师不舍得拿出时间来给学生阅读，总认为"讲讲讲、练练练"才是最高效、最能提高成绩的授课方式，学生的阅读效果难以考量，简直就是在浪费时间。囿于家庭教育缺失，再加上老师的执念，很多农村学生并没有体验过阅读的快乐，更谈不上养成阅读的习惯。基于此，我坚定不移地将阅读课保留下来。每节阅读课我都会让学生静心阅读半小时，交流分享或者摘抄积累 10 分钟。阅读的书目由学生自主选择或由教师、学生推荐，初一、初二以叙事性作品和小说为主，初三、初四则以散文和论说性文体为主。

新学期的第一次阅读课，孩子们来到阅览室，一开始学生新奇、躁动，找到合适的书籍后便渐渐地沉浸下来，直到忘我地投入书中，畅游在精神的海洋中，一节课在不知不觉中很快结束了。阅读课结尾时，我问孩子们这节课最大的收获是什么，坐在角落里一向默默无闻的阳举起了手。他说："老师，我第一次体会到沉浸在书中的感觉。这一节课我觉得我的心静下来了，安顿在书中。以后我们能不能每周都上一节这样的阅读课？"听到阳特意把"沉浸"两个字加以强调，我不禁惊叹：这样一个沉默寡言、不善表达的孩子竟然能说出这样一番文绉绉的话，一定是因为他在这节课上深有感触。看到很多孩子赞同地点着头，我便许诺他们："以后每周三的语文课都上阅读课！"孩子们高兴地鼓起了掌。

是啊，新学期的学习节奏如此紧张，能有这样一段灵魂安歇的时间是多么可贵。班级全员阅读，每个学生都能潜下心来，做一个虔诚的读者，沉浸在阅读的氛围中。我们常常抱怨现在的学生浮躁，常常责怪他们没有认真阅读课内的必读名著。其实，这未必全是学生的错。没有帮助学生养成良好的阅读习惯，没有为学生创设理想的阅读氛围，没有做好督促和落实，这都是老师的失职。学生从来没有体验到阅读的快乐，又怎能期待学生养成阅读的习惯？孩子们感受到"我扑在书籍上就像饥饿的人扑在面包上"的急切和着迷，自然会将阅读的时间由课内延伸到课外，静心读下去。我愿意在孩子们的心田种下一颗乐读的种子。

潜心写作，呈现美读的精彩

读书与写作是一对难分难舍的孪生兄弟，阅读量是否丰富总是在文章中不经意流露出来，文章的精彩也会促使学生更积极地从书籍中汲取成长的养分。

阅读使学生的文章思路更加清晰，思考更加细腻。俊丞是一个非常热心班级工作的小伙子，但是他的成绩总是让人担忧。潦草的书写、考场上经常完不成的作文让历任语文老师十分头疼。接手俊丞所在班级后，我从他邋遢的文字背后发现了他隐藏着的真挚的情感。在考场上尚未完成的《爸爸的鞋子》一文中，他写道："我的爸爸是一位外卖小哥，他每天都奔走在街头巷尾，他的鞋子上总是布满灰尘……"语言朴实，却隐藏着一颗善于观察的心，蕴含着他对爸爸的理解和爱。我将俊丞叫到身边，肯定了他这半篇文章的价值，并推荐了几篇文章给他读，让他学习这些文章的写作思路，理清自己的文章思路再修改。经过几次指导和修改，俊丞最终写成了一篇得意之作，他将这篇文章作为父亲节的礼物送给了为全家生计奔波的父亲。我鼓励俊丞大胆地投稿，参加作文大赛，最终他获得了一等奖。此后，俊丞便信心满满地投入读书和写作中。读书、写作成为这个起初被边缘化的学困生新的成长点，让他找到了努力的方向，获得了信心，打开了他成长的另一扇窗户。

读书是最质朴的高贵，无论是跌落尘埃艰难生活的人还是书香世家的饱读者，无论是少年天才还是暂时"学困"的孩子，只要将心灵安扎在书籍中，就能领略看不完的风景，体悟品不尽的感动。书，是我们给学生的一对轻盈的翅膀，让他们骑在书脊上，看山河草木，观日月古今。希望在我们扎扎实实的引领之下，越来越多的孩子能够因阅读而受益，于阅读的精神世界中再塑别样的人生。

痴心不改，倾听成长的声音

著名的大文豪苏东坡学识渊博，他有一种"各个击破"的读书法，他认为一本书的内容是很丰富的，而人的精力是有限的，不可能一下子全部吸收。每读一遍只能集中注意力了解某一个方面，理解和消化一个问题，一遍一遍地读才能达到事事精通。比如，想探究历代兴亡治乱的原因，那么就从这个角度去读，而要探究史实典故，就得换一个角度再读一遍。虽然这个方法有些笨、有点儿慢，但是照这样读过书后，你从书中吸收的各个方面的知识都禁得起考验。醉心于书的苏东坡，就是用这样的痴心"立志读尽人间书"。

雪梅读写团队的引领人杨雪梅老师一直保持着每月读十几本书的惊人阅读量。看过她读书笔记的人无不惊叹于她对书籍的敬重：每本书读完，她都会细致地做好读书笔记，分类摘抄，蝇头小楷写得一丝不苟，工工整整。杨老师文采斐然、著作等身，在开始读写的两年半时间里，她发表的文章已经有200多篇，杂志封面人物、特约记者、专栏策划、专题讲座应接不暇……杨老师最常说的一句话就是"我要逼自己回过头再下点儿笨功夫，这样才能把文章打磨得更好"。不满足于过往的成就，抱定一颗痴心，与文字为伴，杨老师走上了教师专业成长之路，成为一名资深的教育专家。

与雪梅团队共同行走了将近一年时间。起初，我每天都会为没时间读书而烦恼，为周末的教育叙事的写作而焦虑。现在，我已经习惯将专业书籍随身携带，利用碎片时间潜心阅读，将每一个生动的班级故事、顿悟的瞬间、脑海中浮现的想法及时记录下来，在每个夜深人静的晚上构思琢磨。与团队一同行走，一路收获，我的作品得到了《德育报》《班主任》《新班主任》等报刊的青睐。一路成长，我丰盈了自己，让自己几近荒芜干涸的教育人生重新焕发了生机，让倦怠的头脑获得了起航的动力。但我意识到，在浩瀚的书海前，我所领略的不过是冰山一角，只有像苏东坡那样痴心不减，像杨老师那样永不满足，才能打磨文字又磨炼心性。在每个晨光熹微的清晨、阳光温暖的午后、内心安静的夜晚，一边品茗一边细读，不求快速，不事张扬，让书香在不觉察的慢煮中浸润自己，才能倾听到成长的声音。

著名主持人董卿曾经说过："我始终相信我所有读过的书不会白读，它总在未来日子的某一个场合帮我表现得更出色，读书是可以给人力量的，但它更能给人带来快乐。"是的，读书的功效并不是立竿见影、短期可见的，却能在你的心灵深陷泥淖时给你最坚强的支撑。在书籍面前我们享有平等的阅读权利，只要能够坚持走心地阅读，就能为学生打开成长的另一扇窗，就能收获生命厚重的愉悦，就能将学生和自己摆渡到鲜花盛开的彼岸。往后余生，让我们泛舟书海，尽情享受读书的美妙。

走出"饭圈"，
回归班级圈

    不知从什么时候开始，班里大大咧咧的女生小淳上课回答问题时会使用一些我听不懂的语言，从她嘴里冒出来的新鲜词儿很多，什么"爱豆""脱粉""捧杀"，常常弄得我一头雾水。每当她说出这样的话时，其他同学总是隐晦地一笑，仿佛班里只有我听不懂。原来，这些天天和我见面，我自认为很了解、很熟悉的孩子，有着我完全不知道的另一个圈子和世界。

    下了课，我赶紧跑回办公室，上网查询了一下，不查不知道，一查吓一跳。原来，这些热词都是一些明星的粉丝们热衷的词语，并且现在的追星已不仅仅是买个明星专辑、在卧室里贴个海报这么简单的事了。喜欢同一个明星的粉丝通常会组织起来，自发地形成一个圈子，群主每天都会在群中号召大家为明星投票、花钱买明星代言的产品……如果不按照群主的要求做，常常被认为对明星不忠，很可能受到其他粉丝的言语攻击。这样的组织被称为"饭圈"。"饭圈"的主要构成群体是未成年的女孩，追的明星一般都是长相俊美的男艺人，这些艺人可能并没有什么才华，单靠长相收获大批粉丝，通常被称为"爱豆"。当网上这些信息向我涌来时，想到小淳就是众多粉丝中的一员，我惊出了一身冷汗。更让我感到不安的是，2020年8月，教育部等6个部门印发了《关于联合开展未成年人网络环境专项治理活动的通知》，在全国整治"饭圈"等涉及未成年人不良网络社交的行为和现象。若不是"饭圈"文化的弊端严重到了一定程度，教育部也不可能和其他部门联合发布通知，而小淳对这些词语如此熟悉，脱口而出，恐怕沉迷"饭圈"已经很久了。如何引导她走出"饭圈"，回归班级圈呢？我必须吸取之前的教训：前几年处理女生小怡疯狂迷恋某唱跳组合的问题时，我的急功近利将孩子推到了我的对立面，导致师生关系一度紧张，这一次，我必须慎重。

小心翼翼靠近

小淳喜欢的是哪位明星呢？她现在又到了什么程度，是感性地一味投入型还是仅仅凑个热闹的理智型？我需要小心翼翼地靠近她了解一下。

小淳是个美术生，喜欢画素描，曾经送给我几幅漫画，不仅画得神似，从配文中也可以看出来她很理解我的想法。一天，我在小淳的练习本上又看到了几幅插图。"嗯，才女就是不一样，画得真不错。小淳，明天把你的画册拿给我欣赏欣赏吧。"
我一脸沉醉，带着欣赏的表情看着小淳。

"没问题呀，老师。"第二天，小淳就把绘图练习册带了过来。

"这个福娃画得简直和年画上的一模一样。哎，这是哪个帅哥，长得这么有棱角呢，小淳？"

"老师，您太土了吧，连我的偶像华晨宇也不认识呀。"

"小淳还是很有品位的，偶像这么帅气。"

"那必须的。老师，您可以听听华晨宇的歌，他的歌更赞，像《齐天》《Here We Are》这些经典的歌，您肯定会喜欢的。"

"那你家里肯定有不少偶像的专辑吧，借我几张听听呗。"

"哎呀，老师，我一个学生党，家里啥条件我心里有数，我在这方面很少花钱的。"

"看来你是个理性的粉丝，我今晚回家就听听你推荐的歌。"小淳成功地向我推荐了自己的"爱豆"，脸上乐开了花。

"老师，这幅福娃送您了，我画了三周呢，正好快过年了，让您高兴高兴。"我欣然接受了小淳的画作。这一次看似不经意的谈话把我们俩的距离拉得更近了。

借助机会引导

一天午自习，我坐在教室后面看书，只听旁边的小淳和前桌小创不愉快地咕哝起来，声音越来越大，原因很简单：小创回座位时不小心碰掉了小淳的笔袋。为了不打扰其他同学，我把他们俩叫出了教室，叫到我的办公室。

"我一使眼色，就知道跟着我出来，老师可要表扬你们俩，你们俩太懂事了，简直就是老师肚子里的蛔虫。"小淳和小创听了我的表扬，脸上不好意思地泛起了红晕。

"能不能跟老师说说怎么回事。"

"老师，他把我笔袋碰掉，也不道歉。"显然，小淳带着强烈的情绪。

"我道歉了，你不依不饶的，多大点儿事呀。"小创这样说着，情绪和语调都很平稳。别看小创平时不爱学习，用他自己的话来说，就等着毕业回家继承家业，但是做人做事还是很大气、厚道的。

"不行，你得给我好好道歉。"

"好，好，好男不跟女斗。你看你这一闹，多耽误时间，老师都没法看书了。"听了小创的话，小淳看了看我，有点儿不好意思。"对不起，大小姐，我错了，行了吧。"看着小创夸张地一鞠躬，一脸无奈的表情，我也忍不住笑了起来。

"咱们教室的空间有限，大家的座位挨得近，冬天穿衣服厚重，碰到了东西没觉察出来也很正常。不过，既然咱们做错了，大丈夫能伸能屈，真诚地道了歉，我想咱们小淳也不是不通情达理的人，是吧？"听了我的话，小淳的脸色缓和了很多。

"确实是，老师。哎，小淳，不是我说你，你就是整天在网上跟人对骂抬杠，被带坏了，你看你现在一身的戾气，负能量满满，哪里还是以前的赵小淳呀！"小创一脸恨铁不成钢的表情让小淳又羞愧又懊恼，憋着说不出一句话来。

"其实小淳挺有才华的，咱们班很多同学很羡慕她呢，会画画，又会唱歌，多才多艺的。"

"对呀，老师，我就没这么多艺术细胞。"小创补充道。

"正好元旦快到了，小淳，要不你给大家准备个节目吧。"

小淳一听，眼睛里放出了光，低调地说了句："好吧，老师，其实我最擅长的是说快板，我一个人就能演，也不用耽误其他同学的复习时间。"

元旦前的班会课上，小淳给同学们表演了一段精彩的快板，语速之快、台词之熟练、台风之稳重，让同学们赞叹不已。我也私下找到小淳，着重赞美了她的语言功底。作为一名语文老师，我给她推荐了林清玄、丁立梅、汪曾祺的散文，让她进一步感受语言文字之美。课堂上，提到这几位作家的文章，我总是将眼神望向小淳，由她给同学们朗读。这个大大咧咧的小姑娘慢慢浸润了文字的馨香，谈吐气质开始发生微妙的变化。

循序渐进强化

若能让学生在班级圈中找到自己的角色定位，学生就不会产生强烈的离心力，从而"另谋出路"，也就不会在其他领域寻找存在感了。

为了让小淳离班级圈更近一些，寒假划分学习小组时，我有意让小淳担任组长，督促小组三名成员的学习情况，每周汇总小组的作业完成情况。视频班会之前，我单独对小淳做了培训，教给她用数据说明问题的方法。小淳做了直观的表格，汇报了小组前三周的学习情况，并且给组员提出了针对性的建议。在她的带领下，小组的学习气氛越来越浓厚，三个孩子坦言初四这个寒假是他们过得最充实的一个假期。组员小创的妈妈还特意向小淳的妈妈致电表示感谢，小淳成了班级中的重要角色。

小淳的"饭圈"如何了，我没有再去过多地关注。记得有一次参加智慧父母培训，一位家长焦虑地问现场专家："我已经给孩子造成了童年伤害，这个阴影必然会伴随他一辈子，我该怎么弥补呢？"专家在黑板上点了一个点，以此为圆心画了一个小圆，说："假如这个点就是孩子的童年伤害，他的生活就是这个圈，此时，这个点确实很明显。但如果我们丰富了孩子的生活内容，拓宽了孩子的视野呢？"接着，专家又画了一个大大的圈，家长茅塞顿开。我想，小淳的"饭圈"也是这样的，正为美术考级、读散文和小组管理忙得不可开交的她，应该没有时间再沉迷到"饭圈"里了。优美的音乐值得继续欣赏，但"饭圈"的"饭"似乎已经不合她的胃口了。

让校本课程
擦亮生命的底色

朱永新教授在 2013 新教育实验年会上发布的《萧山宣言》中提出："课程的丰富决定着生命的丰富，课程的卓越决定着生命的卓越。卓越课程，就是最大程度地实现人幸福完整的可能。"师生共同经历的课程，不是知识的罗列，而是让知识拥有生命的温度，让学生拥有生命体验的过程，这样的课程让师生成为具有德行、审美、情感、智慧和能力的人。基于这样的认识，2015 年开始，威海七中基于学情、校情，致力于开发一套丰富学生生命底色的课程，将目光聚焦于学生的心理健康教育，"青春彩虹"心理健康校本课程便应运而生。

在实施过程中我们惊喜地发现，"青春彩虹"心理健康校本课程在学校德育管理中起到了重要作用，潜移默化中塑造了学生健康的心理和健全的人格，受到学校师生、家长、专家同行的一致好评。我们认为，一门校本课程要想受到欢迎、发挥教育价值并且永葆它旺盛的生命力，就要做到以下几点。

应需而生：为需要而研发

"青春彩虹"心理健康课程的开发是在学生强烈需求的推动下产生的。威海七中是一所农村中学，2015年以来，随着外来务工子女的急剧增多，学校规模迅速扩大，由原来的32个教学班扩展到82个教学班。学生来源复杂，遍及全国的大部分省市，生活环境的变化、气候的差异、生活习惯的改变、语言文化的不同等，让学生需要很长的时间来适应，学生在心理上承受着巨大的适应压力。另外，由于学制的不同，学生以往的学习内容也不尽相同，导致升入初中后衔接困难，学习自信心受到打击，学生承受着巨大的学习压力。初中阶段，学生进入青春期，情绪复杂多变，异常敏感，随家长迁到威海，心理上容易自卑，精神萎靡不振。学生面临的这些问题，不是文化课上的学习能够解决的，只有先处理好心理问题，才能让学生安心地学习。

学生家长大部分是外来务工人员，在生存压力下，家长教育孩子变得有心无力。家长的文化水平也较低，80%的家长只接受了义务教育，其中更有30%的家长只读了小学，即便体察到了孩子的内心需要，也没办法给出合理的建议。

学校的师资配备上，3 000多名师生只有一位专业的心理老师，没法满足学生心理健康教育的需求。如何保证每个孩子都能够接受良好的心理健康教育，为孩子的心理保健，促进孩子健康成长？这就不得不调动全体班主任的力量，让班主任承担起心理健康导师的职责。然而，班主任受专业的局限，并不能保证心理健康课的质量和效果。于是，我们组建了专门的心理健康课程设计团队，由取得心理咨询师证书的教师组成，开发了一套高质量的课程，在全校实施。"青春彩虹"心理健康课程就是在这样的学情、校情下应运而生的。

"青春彩虹"心理健康课程基于学生、家长、教师的实际需要，以学生的生命发展为本，结合我校的传统和优势，补充国家课程和地方课程未及之处。这是它实施几年来仍富有生命力的关键所在。

一路采撷：在实施中完善

校本教材的选用应遵循民主原则，应该有教师、学生代表参加，并且通过多种渠道听取家长的意见。

"青春彩虹"心理健康课程教材的编写是在实践中逐步完善起来的。团队根据初一、初二、初三、初四4个年级学生的特点和差异，以本年龄段集中出现或可能出现的问题为导向，坚持针对性和时效性相一致的原则。例如，初一致力于引导学生养成良好的行为习惯、学会交友等，上学期设计了"学会适应，快乐成长""团结合作我快乐（户外体验）""好习惯伴成

长""做时间的主人""勇敢面对挫折""欣赏我自己""友谊需
要信任""做个快乐的人""妈妈，我想对您说"等心理健康课
题。这些课题的设计除了针对初一学生的年龄特点之外，还坚
持了时效性的原则，结合盛大节日或学生面临的期中、期末考
试择机实施，进行节日前或考前的心理辅导。例如："妈妈，
我想对您说"是在母亲节前，利用社会上营造出的节日氛围，
对学生进行的感恩教育；"做时间的主人""勇敢面对挫折"则
是针对期中考试前后，学生可能出现的心理焦虑，对学生学习
行为的指导以及考后的心理辅导。

　　在课程实施的过程中，课程开发团队广泛听取学生的建
议，利用调查问卷、课后随访、课堂感悟等书面或口头形式，
了解学生本节课的收获、课程设计的不足等；团队还通过调查
班主任和任课教师，间接了解学生课后的改变，了解家长对上
完课后的孩子的评价。根据收集到的意见和建议，课程开发团
队最终决定对这些设计进行取舍、修改、完善，为下册教材的
研发积累了宝贵的经验。随着学情的不断变化，这套课程仍然
在实践中不断完善。

香远益清：在效果中检验

　　在"青春彩虹"心理健康课程实施过程中，教师带领学生
经历体验、合作，使学生建立起与自我的内在联系，与情绪的

深度联系，与他人的外在联系，以及与世界的沟通联系，将所有的幸与不幸的遭遇都转化为生命的基因和智慧。课程让阳光洒进每个学生的心里，为学生照亮生命的底色。学生学会了接纳自己、接纳他人，学会了适应，学会了成长，生命更加丰盈。

"青春彩虹"心理健康课程在 2015 年开始实施时，学校经过心理测评发现，全校平均每个班都存在一名有抑郁倾向的学生，焦虑、自卑、人际交往困难的学生几乎占到了班级人数的四分之一。课程实施 5 年来，这一数据呈现出逐年下降的趋势。新冠肺炎疫情防控期间是学生心理问题的高发期。在心理健康课的浸润下，我们做好了学生的日常心理保健工作，因此疫情防控期间，威海七中 3 000 多名学生能积极进行自我调适，复学后仍然保持着积极乐观的心态。与此同时，在教育满意度测评中，威海七中的家长满意度高达 99.7%。

团队教师和班主任在心理健康课执教过程中也收获了自身的成长。2016 年，团队的曲老师取得了心理健康课省级一等奖的好成绩；2019 年，团队的王老师入选威海市名班主任培养人选。团队教师已经建立了一种"我就是课程"的胸怀和气魄，从一次次小的改进与创造开始，把自己作为课程的重要组成部分去开发。越来越多的教师成为校本课程的践行者和传播者，成为校本课程的研发者、完美教室的缔造者。"青春彩虹"心理健康课程多次在展览中展出，得到了专家的一致好评。心理健康教育已经成为威海七中的一张名片，在区域内产生了辐射和带动作用。

朱永新教授说："我们认为的卓越课程，应该'让师生过一种幸福完整的教育生活'。"学生的健康成长，教师的专业发展都让我们的教育生活充满了幸福的味道。禁得住时间的考验，是这套课程永葆旺盛生命力的秘诀。

一门课程的产生应该经历浪漫、精确、综合三个阶段，应该充满惊奇，触及灵魂，应该实现知识与生活、生命的深刻共鸣。"青春彩虹"心理健康课程虽然取得了一定的成效，从浪漫走向了精确，但离综合还有一定的距离。如何做好心理健康教育的小初衔接，开发出九年一贯的课程体系；如何实现初中到高中的过渡，帮助学生拥有适应将来生活、应对未来挑战的勇气；如何调动起班主任和任课教师参与心理健康教育的积极性，联动任课教师共同关注学生的心理健康，都是课程团队需要解决的问题。

《基础教育课程改革纲要（试行）》提出，实行国家、地方和学校三级课程管理，其意义是赋予地方和学校参与课程开发的权力，充分调动各方尤其是学校的积极性。显然，这一赋权极大地调动了教师和学生开发课程的积极性。让我们借此东风，在校本课程这片沃土上持续耕耘和收获。

红色故事就在身边

　　"本周班会课的主题是'走进红色课堂，传承红色血脉'。"德育校长刚在班主任群中发布消息，办公室里便怨声载道，一位年轻教师说："那些讲了无数遍的人物故事，学生都能倒背如流了。""是呀，总觉得家国情怀距离现在的学生太远，激发不了学生学习的兴趣……"

　　如何能将"高大上"的红色课程开展得更接地气、更容易被学生接受，是很多班主任面临的困惑。开展好红色课程的关键不仅在于课程的组织形式，还在于课程的故事引用。时代在变化，今天的学生的生活环境与几十年前相差甚远，那些光辉的形象距离学生的生活太远。如果能将身边的红色故事讲好，拉近学生与人物之间的关系，相信一定能收到不错的效果。

　　"同学们，俗话说'家有一老，如有一宝'，不知道咱们同学家中有没有这样的宝贝老人呢？""老师，这个周末我们要给太姥姥过 100 岁大寿。""老师，我的太爷爷今年 97 岁，太奶奶也 95 啦。""老师，我们家里没有，但是楼上的爷爷是个寿星呢!""老师,我妈妈在敬老院工作,她经常跟我讲老爷爷老奶奶的事。"学生你一言我一语地聊了起来。

"那同学们知道老人为什么被称为'宝'吗?""因为他们生活经验丰富,我太姥姥一看天上的云彩就知道未来几天天气怎么样,比天气预报还准呢!""她知道很多药材,小时候我的手指破了,她用地里的一棵草就给我止住了血,她还知道很多谚语……""我的爷爷是个老党员,今年建党节前,一群叔叔阿姨来到我家,给他发了一枚大大的奖牌,上面写着55,是他的党龄。""是啊,同学们,我们家里的这些宝,他们不仅生活经验丰富,而且他们身上有很多故事,可能你从来没听过。这个周末,我们以小组为单位行动起来,采访身边的老人,听他们讲讲过去的故事,怎么样?"学生们欢呼雀跃。每个组长都确定了采访对象,首选组员家中的老人,每组安排了一名中心访谈员、两名记录员、一名摄像师。根据访谈对象的特点,每个小组整理出本次访谈的三个主要问题,例如访谈老党员的小组确定的最终访谈问题是:"请老爷爷/老奶奶讲述入党的故事或55年党龄中最光荣、印象最深刻的一件事。""请老爷爷/老奶奶说说个人愿望""请老爷爷/老奶奶对我们当代青少年说几句话。"周日,小组成员凑在一起,整理访谈记录和感悟。在家长的大力配合下,大部分小组顺利完成了访谈任务。

周一的班会课成了学生们的交流展示课,一段段视频和文字记录着学生访谈的成果，更记录着学生思想的蜕变。"我的太爷爷说话不清楚，爷爷就在旁边帮我们翻译。太爷爷参加过抗美援朝战争，一颗手榴弹在他不远处爆炸，所以太爷爷的耳朵一直不太好。太爷爷那时候饭都吃不饱，他饿得吃树皮。而我却总是挑食，爱吃零食，零食吃多了就不想吃饭了，我以后再也不会浪费食物了。""我的爷爷说他的爷爷在战争中死去了，爷爷说因为那时候中国太落后了，别的国家就欺负我们。爷爷说只有好好读书长本领，才能保家卫国，我们才能不被外国欺负。"淘气的小璘眼中带着泪花，坚定的语气和态度让每一名学生都能感受到他的变化。"我的爷爷是高级工程师，他年轻的时候获评过威海市劳动模范。爷爷说，只有掌握最先进的技术，才能不受制于外国企业，才能让我们中国的员工都过上好日子。我以前从来不知道百度上能搜到爷爷的简介，这次活动让我重新认识了爷爷，他不仅仅是那个爱唠叨的老头，更是我的榜样。我要像爷爷说的那样，好好努力，让更多人过上好日子。"

小组交流还在进行着，我将目光投向学生们：过去的红色课程都是我在讲他们在听，学生尽管能够遵守纪律、坐姿端正，但从未像今天这样投入。学生们的眼中闪着光，在别人的讲述中心潮澎湃，在全程参与中切身感受，在不知不觉中接受了精神的洗礼，改变了过去的错误认知。著名教育家苏霍姆林斯基曾说过："教育者的教育意图越是隐蔽，就越能为教育对象所接受，就越能转化教育对象自己内心的要求。"相信这一堂红色教育课会让学生终生难忘。这一堂课也提醒着我：红色故事就在身边，教育资源就在眼前，将它们从尘封的蛛网中打开、精心擦拭，让它们焕发出新的光彩，发掘出它们的价值，教师将会收获无限的教育宝藏。

第四章

在生活中，升华教育感悟

将"支教"进行到底

在很多人的观念中，农村学校就是贫穷、落后、闭塞的代名词，没有前沿的教育理念，没有高深的教学科研，没有先进的教学设备，甚至没有明亮的教室和像样的桌椅，当然，更没有领导的莅临和常驻。所以，在这里不可能遇到赏识人才的伯乐，光明的发展前途也与农村学校丝毫无缘。很多教师有了选择的机会时，便仿佛脱离苦海般毅然离开了农村学校，飞往更高的枝杈，有的老师甚至将想方设法离开农村当作毕生的职业追求。然而，我却坚持扎根农村，将"支教"进行到底。

一

回想自己的求学经历，我就像一株野草，在农村的校园里自由自在地疯长。我在大宅库村的大队院里读的幼儿园，一架滑梯、一个跷跷板、几箱积木片就是我们所有的玩具。村主任爷爷仿佛同时担任着校长的角色，他喜欢和我们这些孩子一起玩，经常把我们叫到教室旁边的办公室，让男孩子表演翻跟头，他则眯着眼睛在一边拍手叫好。表演完，校长爷爷就毫不吝啬地竖起他的大拇指，到办公桌旁边的书架上取出一本大队记东西用剩的便笺本，当作奖励发给翻跟头的孩子。得到奖励的孩子欢呼雀跃，能在小伙伴面前炫耀好一阵子，不仅因为那便笺本很稀有，更是因为校长爷爷颁发奖品时总会叫着他的名字，乐呵呵地用那双厚实又有力的大手拍着男孩子的肩膀，称赞着他。女孩子则在办公室的门口表演跳皮筋，谁能跳到最高也能荣获校长爷爷的便笺本和慷慨的夸赞。也就是从那时起，我知道了会翻跟头、会跳皮筋也是一件了不起的事情，也能得到老师的称赞。

一位年轻的女老师，至今我也不知道她的姓名，但是她却为我打开了文学殿堂的大门，给了我美的启蒙，教会了我扎扎实实、脚踏实地地努力。课间休息时，她常常和我们这些小孩子一起坐在学校大门的那段台阶上，这时，我们总会缠着她给我们讲故事。她知道的故事可真多啊，仿佛永远都讲不完。在她婉转的讲述中，我畅想着银河的广阔、草原的丰茂，我敬佩着孔融的礼让，感叹着手捧空花盆的孩子的诚实，也同情着卖火柴的小女孩的遭遇。文学的大门毫无保留地向我敞开，热情地接纳着我这个怯生生仰望的小女孩。在她每天的检查中，小小的我开始能准确无误地背诵《三字经》和《小儿语》整整两本经典作品。大门口粉色的蜀葵探着脑袋摇曳着，初夏的风温柔地抚过她的头发，几根发丝趴在她的嘴角偷听着故事，这一幕，在我心中便是美的极致。我下定决心，长大以后我也要成为老师这样会讲很多生动故事的人。

二

小学我读的是地文头完小，学前班的老师是地文头完小商店里的奶奶，写完老师规定的字和算术后我们就可以选择尽情地画画或者到门前的大松树下玩耍。老师便取出那件已经有了半条袖子的毛衣，织起毛衣来。她的儿子，我们叫他"二明子"，不知什么原因，他的头脑不是很灵光，明明已经十六七岁了，他的智商却和我们差不多，常常给她闯出不少祸，不是打了别人被人家家长找上门来，就是被别人打了哭着来找她。她的丈夫则常年坐在轮椅上，两根拐杖斜倚在轮椅旁边的墙上，他终日守着小商店，但是每次放学去他家的商店买东西时，我们都不敢和他说话。即便如此，她依然不离不弃地守护着她的家，守护着她那残疾的丈夫和智障的儿子。从那时起，我知道了，老师也是平凡的普通人，也要承受未必公平的命运。我们在教孩子坚强的时候，自己必须先学会坚强。

三

初中时的班主任是鞠老师，鞠老师教数学，他身体微胖，心思非常细腻，我们班被他打理得井井有条。如今回忆起鞠老师的班级管理，似乎并没有高端的技巧和艺术，有的就是那渗透进琐碎生活中的平凡却深沉的爱。

秋季开学不久，鞠老师就在为我们做着过冬准备。那时候，学校没有暖气，也没有空调，冬天只能靠一个炉子取暖。燃料从哪里来？学校会给每个班级发放一定数量的散煤，不够的话就要靠学生来凑柴草，经常有学生家长开着拖拉机或者推着小推车来学校送柴草。

为了不劳烦家长，十一假期，鞠老师就带着全班同学上山摘松塔。清早在学校门前集合，清点完人数后，鞠老师便带着我们这支浩浩荡荡的车队出发。为了到镇上上初中，每个孩子在小学四五年级时就已经学会了骑自行车，等上初中时，个个都是骑自行车的高手了。可是鞠老师依然不放心，他骑着他的红色嘉陵摩托车在车队旁边守护着，一会儿在队伍前头带路，一会儿在队伍后面护航，十里八里的路程，在一路欢歌中，很快便到了。

锁好自行车，拿好编织袋和手套，我们便在鞠老师的带领下钻进了树林。摘松塔对于初一的孩子来说不是一件简单的事，尤其是我这样体形瘦弱的女生。我生怕摘得太少，拖了小组的后腿，但是又没有上树的本事，只能挑着小树梢的松塔摘几个，或者等着同组的男生扔下个树杈来赶紧摘。看着别人鼓鼓囊囊的袋子，我有些干着急。不过，对于大多数孩子来说，摘松塔只是个形式，和全班一起秋游才是最热切的渴望。不一会儿，男生就三三两两挽起裤管到山上的小溪流里摸起了鱼虾，女生也结伴玩起了编织草帽、斗草的游戏。大概是揣测到了大家的心思，鞠老师先放我们尽情地玩一会儿，等玩得差不多了再召集大家加油干。看到平时头发梳得整整齐齐的老师此刻也戴上了草帽，汗流浃背，我们便认真了起来。树林里不时响起鞠老师的吆喝："来，接着。"一小堆松塔便装进了自己的袋子。等回到学校，每个人都开心地完成了规定的任务。

　　翠绿的松塔摊晒在学校的甬路上，阳光下可以清晰地听见松塔爆裂的声音，松子就在这爆裂声中滚落下来。每天早晨，晨雾还未散去，远远地就能看见鞠老师蹲在地上，翻晒松塔。每天中午吃过午饭，他又急着将那些已经晒干的松子收起来。在时光的慢煮中，松子换成了钱，买来了更多的煤，温暖了我们整个冬天。鞠老师每天都会早早地来到学校，清理干净炉灰，用黄泥和好煤粉，等到大多数同学到校时，教室里已经升腾出热气，暖烘烘的了。

　　初一那年，我们搬进了新的教学楼，锃光瓦亮的水泥地面几乎可以照见人的影子，那时候谁家里能铺上水泥地就算是村里响当当的"富豪"了。冬天，教学楼外的水龙头牢牢地冻住了，无论怎么拧也流不出一滴水，拖地便成了一件困难的事，除了要求我们看好自己的"一亩三分地"，保持好个人周围的卫生，以减少打扫的次数之外，鞠老师每周都会亲自上阵组织一次隆重的拖地劳动。布条拖把每个班只有一个，如果不涮干净、拧干，再拖几遍也是徒劳。这时，鞠老师便让拖地的男孩子拿着拖把把儿，把拖把悬空在塑料盆正上方，他则挽起袖子伸出手，准备亲手把布条拧干。拖地的男孩连忙摆手，说："老师，我来吧。"鞠老师一脸严肃："你拿好拖把就行。"冰凉的水哗啦啦地落在脏水盆里，也敲打在每个同学的心头。自习课从不转头的我也忍不住往后看了一眼，而这一幕就这样久久地印在我的脑海中，挥之不去。老师手心的那段刺骨的冷化作长久的暖，在我的心头蔓延开来。虽然老师表面严肃，但内心的爱就像一团熊熊的火，焐暖了我们一个又一个冬天，也焐暖了班级中的问题学生。所以我们都能严格要求自己，如老师所愿，看好自己的"一亩三分地"，即便到了夏天，我们班仍然每周只需拖一次地。所以再调皮的学生到了鞠老师班里都变成了懂事的乖孩子。因为难得，所以珍惜；因为爱，所以感动。当我走上工作岗位，如愿成为一名老师时，我想我一定要像鞠老师那样，处处为学生着想，用爱温暖学生。因为，从遇到鞠老师时起，我就懂得了什么叫作"桃李不言，下自成蹊"。

四

高中的校舍是父辈们读书时就已经建好了的，条件极其艰苦，晚自习时用的灯管需要胆子大的男生踩着凳子把两条电线摩擦几下才能点亮，更别奢望投影仪和多媒体设备了。对从小生活圈子狭小的同学而言，英语成了令人头疼的难题，为了给我们讲清楚单词，教英语的赛文静老师踮着脚尖把黑板写满了一面又一面，直到写出了我们通往大学的路……教语文的于洪飞老师把自己的大半工资用在买书上，把买来的书带到学校供我们读，没有播放软件，没有投影仪，她就用朗读的方式让全班都能快速地领略书中的内容。那一年迟子建的短篇小说《世界上所有的夜晚》刚刚出版，于老师赶紧买来，每节课抽出一点儿时间，硬是一字一句地为我们读完了。于老师让生在农村的我没有因为交通闭塞而变得浅薄，她带我领略了文学殿堂广阔的风景，撑起了我的文学见识与文学底蕴，更给了我选择文学专业的底气。

作为一个农村孩子，虽然上学的条件无比艰苦，但老师们的悉心呵护和言传身教，带给我诸多有益的启发，让我始终保持着内心的柔软，也学会了敏锐地体察这个世界。王维审老师说："教师的荣誉是什么？最高的境界应该是你已经离开学生很久，他们的生命中却还保留着你的影响。"我想，这些老师都保留着这份最高的荣誉，也激励着我成为"他们"。

五

毕业后，我顺利地通过了环翠区严苛的教师招聘考试，成了一名教师。

当我第一次走进威海七中的教室时，那坑坑洼洼的水泥地面，整齐摆放着的布条拖把，还有那打不开的电脑和模糊不清的投影，唤起了我少年求学的诸多回忆。我知道，虽然这里没有市中心的热闹繁华，不能一出校门就买到刚烤好的香喷喷的蛋挞，不能下班后一抬脚就去商场里逛一圈，也不能乘坐便捷的公交车停留在我心仪的任意一处公园，享受周末的休闲惬意，甚至因为图书楼被认定为危楼马上面临拆除，我们还不能借阅图书。我们也不能栖身学校的宿舍。但是我知道，这个偌大的校园里，一定也有无数个像当年的我一样内心丰盈又渴望着知识的花草。于是，我义无反顾地扮演起了我记忆中那些老师的角色，我也要用爱和责任呵护他们成长，无论如何都要扎根农村，将支教进行到底。

当我得知瑶家里有 5 个孩子，妈妈患有精神疾病，爸爸每天做两份工时，我毫不犹豫地施以援助；当我听到孩子们没有吃早餐，肚子饿得咕咕直叫后，我建立了班级"元气加油站"，准备好点心和零食；当我告知孩子赶紧回家去见妈妈最后一面时，我紧紧地拥抱这个坚强的孩子，给他力量；当我看到孩子的精神世界贫瘠的土壤已经裸露沙化时，我决定要让这里长满鲜花，我建立了班级图书角……我所做的或许微不足道，但我愿在孩子们的心田埋下一粒向善的种子，让它们慢慢地汲取成长的能量，等到有能力开花时，他们不仅会惊艳所有人，也会像我一样将这些善良和爱的种子继续播撒……

再微弱的光，也能照亮一方；再小的火苗，也能温暖怀抱，就让我坚守在农村学校的田地里，深深地扎根，静静地耕耘，将支教的曲子在岁月中哼唱成一首不老的歌。

创意无限，
尽享课间十分钟

　　我们小时候，大部分学校是平房，一出教室门，学生便三人一伙、五人一堆兴奋地玩耍。男生踢足球、打篮球、弹玻璃球，女生则踢毽子、跳绳、抓石子、挑冰淇淋棒……丰富的课间活动缓解了课堂的疲劳，协调了大脑和四肢，也增进了同学之间的友谊。如今，学生都在宽敞明亮的楼房上课，单是从五楼走到楼下再回到教室就需要几分钟的时间，更别谈进一步活动了。并且，出于安全考虑，很多学校禁止学生课间到其他楼层活动，更不允许学生在教室、走廊奔跑，户外活动在学校安排统一的大课间进行。在这样的形势下，开发适合课间十分钟的室内活动，丰富学生的课间生活，成了必须面对和及时解决的问题。

益智小游戏，趣味十分钟

　　我们常说学生是课堂的主体，教师只起主导作用。其实，课间游戏的设计，同样需要发挥学生的主体作用。

　　一次下课后，我在教室中等待下节课的老师到位，做好无缝衔接，无意中发现小辉和小刚头靠着头凑在一起，不知在干什么，走近观察了一会儿，才看明白，原来他们在玩一种自己发明的小游戏——圆珠笔对对碰。游戏的规则是，每人拿出一支圆珠笔，相隔5厘米放在桌子中间，用石头剪刀布的方式决出的获胜者先行动，小辉用手指弹动自己的笔，借力打力去碰撞小刚的圆珠笔，谁先将对方的圆珠笔碰到桌子边缘5厘米以内的位置，就算获胜。为了取得胜利，孩子们要从文具盒中挑选"得力干将"，那些摩擦力大、比较重的笔备受青睐，最终，小辉运用"田忌赛马"的智慧赢了同桌小刚。没想到这样一个小游戏不仅利用了力学的相关知识，还调动了经典作品中学到的智慧。

　　在我的参与和赏识下，这类益智游戏一度风靡我们班的课间十分钟，华容道、九连环、魔方、数独……即便是只能待在教室里的十分钟也充满了乐趣。

学做室内操，活力十分钟

　　实验证明，只有将体力活动与脑力活动相结合，才能提高学习效率，然而，因为时间和场地的限制，能够进行的室内体力活动少之又少。

2020 年湖南怀化小学老师自编的扇子舞《霸王别姬》火遍了全国，孩子们在铿锵有力的音乐伴奏下，在矫健利落的动作中，展示了当代"小霸王"的精气神。在这位老师的启发之下，我们班的两名文艺委员行动起来了，他们自学并且改编了部分舞蹈动作，利用课间的碎片时间教会了各组的小组长，小组长负责教组员，不到两周工夫，全班就学会了。这段舞蹈充实了班级的课间十分钟，一改课间班级沉闷的气氛。

两名文艺委员承诺，将利用假期时间为我们编制一套班级专属的室内操。相信有了这部专属作品，孩子们的课间十分钟会更具活力。

积分赢特权，荣耀十分钟

在班级中推行小组积分制和个人积分制。用好评价机制，持续激发学生的动力是小组制保持生命活力的关键所在。凭积分获得的特权越是具有吸引力，越能激发学生的兴趣。个人积分最高者有权利为自己、同学或者家人、老师点播一首喜欢的歌曲，任选课间进行播放；小组积分最高者可在课间邀请任课老师到班上和本组同学一起玩游戏，或者请老师表演一个节目；连续三周积分最高的个人和小组可以荣获年级主任的邀请，在每周三下午第三节课课间，持邀请函参加"年级主任一日谈"活动，与年级主任近距离接触，面对面交流。

我始终相信，精神奖励的力量远远大于物质奖励，这样的荣耀时刻、特权时刻，激发了学生持续奋斗的动力，这样特殊的课间十分钟更成了许多学生无比珍贵的回忆。

　　只要我们善于动脑，发挥创意，课间十分钟也能精彩无限。

"礼尚往来"，师生情浓

　　我书桌隐匿的一角藏着一个精美的小盒子，那是我的百宝箱。闲暇之余打开来看，总有一段又一段故事涌上心头。盒子里的这些小物件都是学生送给我的礼物，也是我最珍爱的东西。

　　最显眼的是一双红彤彤的鞋垫，针脚细密地绣着"一帆风顺"的字样。这双鞋垫是盒子里的"老人"了，已经在这儿住了足足 6 年，我一直没舍得用。每当看到这双鞋垫，我就想起那天课间操，孩子们都往楼下跑，去上操，小畅有点儿不好意思地从桌洞里掏出鞋垫递给我，用清亮爽朗的嗓音说："老师，您的脚小，鞋不舒服的话，我妈妈说垫一双鞋垫就会好很多。"我的心瞬间被孩子和家长的体贴融化。

　　那是小畅上初二的时候，也是我毕业后的第四年，正是我个人事业心最强的时候。我跟这个班的孩子已经朝夕相处了一年多，我把全部时间和精力都献给了这个班。无论课堂还是课间，无论吃饭还是路队，无论周末还是节假日，只要孩子们需要我，我就会第一时间出现。经过无数次的家访、班会、谈心，我对每个孩子的家庭情况、兴趣爱好、生活习惯都了如指掌，我像大姐姐一样，呵护着班里的每一个人。这天学校刚刚把做操改成跑操，没来得及把运动鞋带到学校的我很想和孩子们一同跑步。怎么办呢？身体不太舒服、申请见习的小畅当时正站在我身旁。"小畅，你穿着我的皮鞋站一会儿，我穿着你的运动鞋跟同学们跑跑，可以吗？"我试探着问道。小畅欣然同意。没想到的是，第二天课间操，小畅特意为我准备了一双自己的运动鞋和那双红彤彤的鞋垫，我穿着小畅的运动鞋，和孩子们一起快乐地在操场上奔跑，我没舍得用那双鞋垫，而是将它一直保留到了今天。

　　盒子里还有一个珍贵的本子，我想起收到它的那一天仍会不禁泪湿眼底。翻开本子，每一页都贴着一张照片，精心设计了花边，全班同学写着情意浓浓的祝福。这些照片有初春时我们到学校的小花园寻找春天的回忆，有夏天我们去海边捡拾垃圾做公益的合影，有冬季越野赛前我和孩子们热身的场景，更有初二冬天去综合实践教育中心进行五天四夜拓展训练的诸多美好瞬间……真不知道全班"密谋"了多久，又是如何小心翼翼地逃过我"火眼金睛"的封锁线，彼此之间默默传递着本子，你一句我一句地写满。从综合实践教育中心回到学校的第二周，我就收到了它。本以为那是平凡的一天。"上课。""起立。""老师好。""同学们好，请坐。"没有一个孩子坐下，我正莫名其妙时，班长小怡走上前来递上本子，示意我打开看看。翻开第一页我就热泪盈眶了。全班同学喊道："祝老师感恩节快乐！"那一刻我确定：哦，即便我只是个第一年当班主任的新手，缺乏教育智慧和章法，有时甚至会用强权压制孩子们；即便我不会和家长打交道，很多事情处理得不够完美；即便我还有这样那样的不足……可是，孩子们看得到我的付出，心里懂得我的严苛，感受得到我笨拙却炽热的爱。一个小小的本子，传递着孩子们真诚的情意。

盒子里还有几个厚厚的信封，封面上写着"小鱼银行"四个大字，班里的孩子人手一个。我特意挑选了纯白色的信封，任由孩子们去涂画，每一个信封都是绝无仅有的"孤本"。信封的角落里标注着年份：2019—2020、2020—2021、2021—2022……这是我们"情感储蓄"的班级活动，从周一随机抽取扑克牌开始，映入眼帘的名字便是我们持续一周的观察对象，只写优点不写缺点。每个星期五的班会课是我们情感交流的仪式，也是我们共同的回忆，更是我们存入"情感银行"的储蓄。上周小娴观察我，周五她给我的纸条上写着：

> 周三体育测试，爸爸鼓励我一定要试一试，我不太
> 确定这么久没参加训练，自己的哮喘能不能让我坚持下

去。跑步就要开始了，我站上跑道才想起来要把外套脱下来，我本想扔在草坪上。这时，您走了过来，很自然地说了一句："扔给我！"于是，您帮我抱着心爱的白色外套，我放心地跑了起来。不一会儿我就没力气了，看着同学们纷纷超过了我，我心想"算了吧，走到终点吧"。可是，远远地就听到您喊着同学们的名字为我们加油，听您喊到我的名字，想到您那么忙还不放心我们的体育考试，亲自来加油，我有点不好意思，坚持跑到了终点。不争气的我跑完就开始大口大口地喘气，您的神色比我还着急，第一时间叫来校医，又给我爸爸打电话让他送药。当我缓过气来，您挽着我的胳膊到门卫处找爸爸时，我心里可踏实了。回家后爸爸跟我说："王老师真好，你俩就像姐妹一样。"

看着小娴的纸条，想起周四早晨小娴爸爸让孩子带来的一兜家里种的地瓜，我知道理解和爱就在这小小的礼物间流动着。

盒子里还有许多小物件：一盒小星星、几只千纸鹤、几朵手工花，甚至只是一张小小的卡片……这些礼物虽小，却凝聚着孩子们的心意和真诚的祝福，我又怎么忍心拒绝？爱的呼唤与应答就在这些小物件上！

教育，
是生命的彼此成就

时间的脚步在一个又一个新春中游走，今年春节，我又收到了许多孩子的新年祝福，回忆也被牵回到过去的无数个时光角落。这些孩子中有我第一年当班主任时的班长仪、课代表明月，有第二批带了四年的菲、博、祥、璐婷、明昊，也有去年刚刚毕业的晓冰、彦伶、若瑜、琛、潇，当然还有很多正在教的孩子。他们在佳节送来祝福，感念师恩的陪伴引领，也让我回顾了自己从教九载的成长路。这些孩子似乎就是我成长路上一个个鲜明的坐标。其实，教育就是师生经过彼此的生命旅程并相互成全的过程。

在懵懂的撞击中，摩擦成长的火花

仪现在已经是哈工大软件工程学院的一名高才生，我们共同走过了初一、初二。仪是班长，而且是我强行委任的。因为仪的学习成绩最优秀，课堂听讲最专注，课后作业最整洁，是全班同学当之无愧的榜样。仪是个男孩，管起班级来自然有威严，那时的我一厢情愿地这么认为。还因为偌大的班级，40 多个孩子，真的没有其他曾经在小学时担任过班干部的孩子。至今我还清晰地记得喊口令选体育委员时的情景，杨伟刚腼腆地说："老师，虽然我没干过，但可以试试。"一句话让我仿佛得到了无穷的力量，让我的心安定下来。其实，仪的性格内向沉稳，属于内敛型。如果在高中或者大学，凭他的人格魅力，必定会是一个出色的班长。可是，对这些稚气未脱、调皮捣蛋的初一孩子来说，严厉的班长才最有震慑力。每当课间我走进教室看到吵嚷一片时，我的愤怒情绪便瞬间被激起，再看看仪，正陶醉地为同桌表演着转书的"绝活"，仪便成了全班的"替罪羊"，免不了被我架上班长的高台，被我劈头盖脸地质问一番。仪几次跟我提出过不想当班长，每一次都被我斩钉截铁地拒绝。在我的强制和高压之下，学生对我有些害怕，敬而远之。

刚刚走上班主任岗位的我，学科教学尚且不能轻松驾驭，千头万绪的班主任工作更是让我手足无措，除了不懂得学生和班级管理艺术之外，更让我犯愁的是跟家长打交道。自己还没有孩子，也不理解家长的心情和需求，经验的缺乏和过度的拘谨让我和家长之间的沟通低效，更谈不上通力合作了。

仪和我一样，都处在懵懂期，人生和工作的懵懂期。

幸运的是，仪和我一样，善于琢磨和反思。既然无法让懵懂的班主任帮助树立威严，仪索性就发扬自己独特的班长风格。仪和同学们打成一片，相处十分融洽，不用像其他的班长那样扯着嗓门大喝一声才能让大家安静下来。只要仪回到座位，做好课前准备，扭头轻声说一句"上课了，同学们"，周围的同学便立刻照着他的样子做起来，不一会儿，教室里便响起了琅琅的读书声。与此同时，我也在不断地学习，在专家的引领和前辈的示范下不断地反思自己，大到班级氛围的营造、班级文化的打造，小到关注最容易被忽略的最右排的学生，学会打开眼睛这扇窗子和学生交流，我把自己的优势和不足分列两栏，时常对照，改变自己。我虽然愚钝，起点较低，但时时刻刻的反思和踏实的努力让我收获着改变的喜悦。

懵懂的两年，仪和我一起陪伴着一班，不断改变，一起成长。初二期末考试结束，我们班获得了"学习进步班级""管理优胜班级"的荣誉称号，还得到了"威海市优秀少先中队"的荣誉称号，我们创造了无限的可能。

在教学相长中，收获生命的美好

毕业一年多以来，一直悄无声息的菲在荣获省赛一等奖后才底气十足地跟我联系，他的举动让我想起了我们曾经一起上过的谈心课。

谈心课的历史要追溯到一次班本课程——作文练笔《我的老师》。璐婷在作文中写道："这个班主任工作认真、负责，讲起课来幽默风趣，我们都很喜欢她。只不过，她总是端坐在圣坛之上，和我们保持着距离。"不仅是璐婷，伟、琳、慧、颖，只要写我，也或多或少流露出这样的意思。我想，孩子们渴望的应该是一个全面、立体的老师，是一个有着喜怒哀乐、接地气的老师，她不仅应该会工作，还应该有生活。同样，孩子们希望老师了解的也不仅仅是扁平的成绩，我对孩子的认识和评价也应该更多元一些。于是，每周的班会课，我都会拿出半节课来和孩子们谈谈心。一次，我谈到自己对老师的情愫："毕业参加工作后，我特别想去探望我读初中时陪伴了我三年的班主任，可是，我总觉得自己不够优秀，怕辜负了老师当年的赏识和栽培，所以迟迟没去，只悄悄给老师寄过明信片。直到上个周末，我因为表现不错，得到了外出学习的机会，这件事让我肯定了自己，给了我勇气，于是我去见了十年未见的班主任，老师一下子就认出了我！这件事让我明白：其实，无论我们成功与否，师生之间的这份情谊，都让我们永远成为老师的牵挂。"

　　菲今天的做法，像极了那时的我。我想，那无数次想要联系老师的冲动，一定都化作了菲认真学习的动力。菲、我、九班，一起朝夕相处了三年，虽然最后一年分班，但我们依然互相关注、携手前行。在这样坦诚的交流中我们加深了了解，孩子们总会笑着指出我的问题。我对他们的表现不满意时，也会告诉他们原因，让他们自我反思和成长。在这样的相互托举下，我们收获着成长的喜悦。九班出色的会考成绩，运动会接力赛蝉联三年的第一名，明昊、菲、金生和豪磊拾金不昧获得失主送来的锦旗，我也到区教育局领取了同研成果一等奖的证书。所谓教学相长，不仅是知识上的传授与接受，更是人格上的相互塑造和影响。

　　每一个生命都充满着无限的可能性，或许今天的他不算成功，就像我们做老师的未必是最成功的，而我们要做的就是去引导。教学相长，就是让师生拥有遇见更好自己的勇气。教育，让生命相互成就，让成长更加美好。

网络"高手"修炼记

　　"你知道马航飞机失事吗？据说黑匣子找到之后，人类发现了灵异的现象……"几个男生被小扬的神秘话题吸引，纷纷凑上去，津津有味地听着。"你知道得可真多呀。"好朋友小翔向他投去了羡慕的目光。"那当然，我可是网络高手，网上的事情，我无所不知，无所不晓。"小扬神气地拍着胸脯说。

　　听到他们的谈话，我的心不禁揪了一下，这些没有经过考证的信息充斥在喜欢猎奇的孩子周围，将来这些孩子会不会也这样不负责任地随意表达自己的观点？我忧心忡忡。

　　回到家，还没上幼儿园的小外甥女跑过来让我陪她一起看手机。姥姥手机的屏保智能切换的唯美画面让小外甥女沉迷其中，十分安静。忽然，一幅男女主人公亲昵的漫画蹦了出来，我假装不经意地赶紧把图片划走。谁知我越是不想让她看到，她越是想看，她用小手使劲地将图片又划了回来。我划下去，她划上来，如此反反复复好几次，她嘴里还不依不饶地一遍遍追问着："他在干啥？"我只好硬着头皮撒谎："这是她的宝宝，这是宝宝的妈妈。"没想到，听完我的解释，小外甥女放下手机，把小嘴凑到我跟前说："我们也是宝宝和妈妈。"小朋友正处于善于模仿的年龄，接触的信息会在头脑中形成巨大的冲击，如何才能保护这些幼小的花朵不受网络的毒害，我陷入了沉思。

作为教师，我应该为此做些什么。我在班级中展开了调查，有属于自己的电子产品（手机、电脑等）的学生占全班人数的65%，大部分家长对学生的电子产品有所监管，但不能保证学生自行使用电子产品期间的质量。全班87%的学生上网以刷视频、聊天、浏览新闻、玩网络游戏等娱乐活动为主，只有极少时间是用来学习的。为此，我有意无意地在课堂上进行渗透。

首先，做网络的主人，不做网络的奴隶。我为学生讲述了一段被网络奴役的痛苦经历。一个周日，我原本的计划是写一篇3 000字左右的文章，可当我一边写一边漫无目的地刷着手机时，那些忙碌时候忽略掉的花边新闻和无营养的文章一点点吞噬了我的时间，直到傍晚，我也没写出一篇像样的文章。虚度了大好时光的悔恨让我按捺不住自己的情绪，大哭了一场。我接着说道："看似我们接收了很多消息，收获了海量信息，但是，当我们关上手机的刹那会发现自己更加空虚。那些没有价值的信息并没有在我们的头脑中留下痕迹，没能进入大脑的资源库。"看到几个孩子频频点着头，我知道这样坦诚的交流拉近了我和学生之间的距离，让说教更容易被接受。我顺势提出自我控制上网的时间，画定上网警戒线，更容易被学生接受。

其次，推荐权威平台，共享优质资源。一次，在浏览"语文好老师"公众号时，我看到一篇转载的文章《墙角的父亲》，戳中了我的泪点，在第二天课堂上，我投屏与学生分享，为大家朗读文章的课代表数度哽咽，很多孩子潸然泪下。"这样的好文章才是网络赐予我们的宝贵财富，值得我们花费时间。"紧接着，我打开了关注的"央视新闻""人民文学出版社""收获"等公众号，展示了其中的优质资源，推荐学生关注。

再次，了解运行机制，防止无限卷入。一篇关于网络运行机制的文章印在学生的检测题中，除了讲解检测题，我和学生仔细研究了文章中写到的网络陷阱。例如，平台利用大数据检测到使用者的兴趣爱好，于是不断推送相关内容，导致使用者沉迷其中不能自拔，陷入网络掌控者编织的信息茧房中，丧失了独立思考的能力。"这就解释了为什么喜欢看灵异离奇事件的小扬会经常接收到类似的广告和视频；喜欢言情小说的小菲更容易接触到更新的小说；喜欢玩游戏的小瑜被牢牢套住，还有人为此花费了大量的金钱……"识破了网络的真实面目，了解到自己有时候是被网络欺骗了，更容易帮助学生摆脱"信息茧房"的桎梏，真正理解独立思考的本质。

最后，搭建展示的舞台，帮助学生成为真正的高手。既然电子产品和网络蔓延的趋势不可阻挡，那么为学生搭建展示的舞台，引导学生将时间和精力投入有意义的网络资源中，也是非常有必要的。在我的挖掘和鼓励下，小扬不再将关注的焦点放在灵异事件上，而是潜心学习视频剪辑技术，将每一次班级活动的照片都制成精美的视频，为班级保留了许多美好的回忆和感动的瞬间。小翔也不仅仅是小扬的仰慕者，他刻苦学习修图的技能，"恶搞"老师和同学的照片，配上或严肃或文艺的名人名言，投放到班级电脑桌面上。半个学期下来，每位老师和同学都惨遭他的"毒手"，但每个被恶搞的人都得到了全班的关注，被恶搞者都报以会心一笑。班级凝聚力在两名网络高手的支援下迅速增强，师生关系、同学关系融洽和谐。有的学生还充分利用任课教师推荐的学习 App，学习成绩大幅提升。我想，这样的网络高手，才是真正的"高手"。

已经具有独立判断能力的初中生尚且需要教师的引导，才能利用好网络，对于低龄的孩子来说，要保证他们网络世界的纯洁和宁静，更需信息制造者和网络管理者多下一番功夫，也需要家长更多的关注和教养的智慧。

顺应规律，
　　与成长合拍同频

　　"小豪，暑假去小姨家住几天吧。"为了减轻姐姐姐夫带两个孩子的负担，我提议道。

　　"啊？可是我想跟小升玩……"

　　"小姨带你去新华书店买一套《米小圈》。"

　　看他没什么反应，我继续放大招："去吃肯德基。""买个大榴梿。""天天陪你去打篮球。"……尽管我使了浑身解数，小豪还是不松口。最终靠姐姐出马，才说服了外甥，小豪勉强地跟我来到威海。

　　小时候的小豪可不是这样的。每次家人欢聚，小豪最喜欢和我玩，走路的时候要拉着我的手形影不离地跟着我，每次分开都恋恋不舍地约定下次见面的时间。随着小豪长大，加之我缺乏耐心，有时甚至会指责呵斥，改变就这样悄然发生了：先是走路时不想让我牵着他，再是更喜欢自己的伙伴，渐渐疏远了我，到现在小姨已经不在他的假期计划里了。失落和难过之后，我也在积极探寻小豪成长的规律和奥秘。原来，日本著名的脑科医师和田秀树早就提出了"九岁之壁"的概念：孩子的大脑发育会在九岁十岁左右提升至另一阶段，脑细胞内部的结构进一步复杂化，大脑的各项功能逐渐趋于成熟。"九岁之壁"就是儿童成长的一个关键期，是孩子生理和心理特点变化明显的时期，也是培养学习能力、情绪能力、意志能力和学习习惯的最佳时期。了解了这些变化规律和特点，我改变了和小豪相处的方式。

　　我和小豪商量，共同制订了一周的计划。小豪说早晨头脑清醒，每天上午在家写作业、做口算、画画，下午背课文、读英语，傍晚打篮球。在此基础上，我进行了补充细化：午饭后要午睡1小时，洗澡后要洗自己的袜子和短裤，晚上要读半小时书。最后，我们俩约定如果天气太热，就在晚饭后打球，每天我做饭的时间他可以看动画片。虽然这个计划粗糙简陋，但我依然心有忧虑：一到三年级都由妈妈督促才能完成作业，每次辅导作业时都"鸡飞狗跳"的小豪，能按照计划进行吗？早餐时，趁小豪享受着餐点的美味，我借机提醒："咱们今天上午的计划是什么来着？""做你折角的那几页《暑假作业》，再做两页口算题，都完成后可以画画。""那咱们争取早点儿做完，多画几幅画挂在小姨家，好吧？""嗯！"小豪点点头。话是自己说出来的，执行起来就更有效力。虽然辅导功课时依然有需要我反复强调的知识点，但是小豪在做题运用中理解并记住了长方形、正方形的周长和面积公式，学会了用字母表示数，从刚开始忘加括号、漏洞百出到后来主动要求再做一页巩固一下，他的成就感和自信心得到了显著的提升。

每天打球回来，我不像以前那样直接指出他表现不好的地方，要求他改正，而是把录制的打球视频拿出来和他一起看。我们俩讨论着队员之间的配合、每个队员的优点。小豪把视频看了又看，忽然按下暂停键，对我说："如果我这时候把球传出去让小白投篮，你看，他的位置那么好，命中率也很高，我们队肯定能得分。""嗯，你分析得很有道理。""我不该那么逞英雄，小白说得对，我的眼里要有队友。""我也要向队长那样，遇到问题好好说话，不一味地发泄情绪。"那些我想告诉他的道理，在看视频的过程中，小豪都自己总结出来了。

时间过得很快，一周眨眼就结束了。回家前收拾物品的时候，小豪感慨道："这周过得真有意思啊，小姨，以后你有时间了再告诉妈妈，我们还一起玩吧。"我满心欢喜地答应着。原来，顺应了成长的规律，把握了成长的特点，我和小豪两代人是能够合拍同频的。

送走了小豪，我不禁想到了我班里的那些孩子。多少次，我因为觉得学生小，还没有主意，就忽视了他们的感受，替他们做出了选择；多少次，我高举着为学生着想的旗号，却违背着他们的意愿，强迫他们接受我的安排……其实，这些小小的人儿已经长大，虽然他们的身体还没有发育好，外表上不像成年人，但其实孩子在 12 岁左右大脑的重量就已经与成人相当了，18 岁以后大脑重量就很少再增加了。既然如此，我们就应该及时调整与学生相处的方式，顺应孩子成长的规律，只有这样才能和谐师生关系，愉快相处。或许，教师观念的转变才是送给学生最好的成长礼物。

一次行走的启示

农历大年初十，天气晴暖。设想了许久的穿越里口山之旅终于得以成行。姐夫已经开工，不能与我们同游；爸爸妈妈因为腿脚不好，不敢轻易挑战，他们和姐姐及两周岁的外甥女先开车到终点，在迎接我们的同时，欣赏里口山的美景。

我则带着三年级的外甥出行。出发前，姐姐特意给孩子打了"预防针"："路上要听小姨的话。不能惹小姨生气。一定要坚持到底……"这个混世魔王的个性让姐姐很不放心。其实，这一点我早就见识过、领略过，无论是斗嘴、斗智，我还真未必是他的对手。在起点处合了影，给他鼓了劲，我们俩便带着轻松愉快的心情出发了。

是不耐烦还是害怕

刚进山，小朋友便显示出对什么都好奇的新鲜劲儿："小姨，你看这个，是夏威夷果呀！""这是橡子，不是夏威夷果，夏威夷果很美味，可是橡子的果实并不好吃，又苦又涩。不过，有趣的是，和板栗一样，它也有一件厚厚的外衣。"说着，我用小木棍拨开枯叶，找到了好多橡子的外衣，指给他看。小朋友耐心地听着，饶有兴趣地捡了两颗，要带回去送给妹妹留作纪念。

"小姨，这个浑身长着刺儿的是什么草？""这个……我也不知道，要不然下山回家我们上网查查吧。"知道我是一名老师，外甥便把他对班主任的崇敬迁移到我身上，对我总是期待很高，认为老师就应该无所不知、无所不晓。但是没有得到答案，他也没说什么，跟着我继续往前走。

"小姨，这个红红的小果子是什么？有没有毒？能吃吗？""小姨，这个……"向来不善记鸟兽虫鱼之名的我，被问得无言以对，甚至有些恼羞成怒，尴尬地搪塞着孩子："咱们快一点儿走吧，妈妈和妹妹还在终点等着我们呢。"我的不耐烦显露无遗。

也许，在别人看来，这个家长只是缺少耐心，他们不知道的是，其实我是被问得害怕了，怕磨灭了在孩子心目中的良好形象，怕越来越多地暴露出自己的无知。其实，在班级管理中，又何尝不是如此呢？一个孩子犯了错误，尤其是班级刚刚组建需要立规矩的时候，这个孩子一定会遭到老师的严厉批评，是孩子的错误至此吗？不是。是我们想让在场的其他学生都看到老师的严厉和不好惹，达到以儆效尤、"一劳永逸"的目的。我们自认为深得管理之"术"。很多深谙此道的老教师一度因为这样"巧妙"的方法，被学校安排为青年教师做培训。其实，表面的不耐烦、不好惹，潜藏着我们巨大的恐慌。我们怕其他学生犯错，怕学生不断地给我们惹麻烦，所以我们迫切地希望用这样的方法阻断错误和麻烦，却没想过受批评的孩子是不是已经被我们推向了厌学的边缘，这样的做法是否真的能让我们躺在班主任的责任田里高枕无忧？是否因为减少了错误，学生便丧失了成长的机会，教师则少了几分研究的契机呢？

是不懂事还是不懂沟通

"小姨，万一我走不到终点，可怎么办呢？"天气预报果然没有撒谎，22 摄氏度！外套早就穿不住了，外甥热得满脸通红，忽闪着那双清澈的大眼睛问我。

"啊？你该不会现在就走不动了吧？"虽然没有照镜子，我也知道我一定把眉头拧成了一个大疙瘩。

"我骗你的，逗你玩的，怎么可能！"他的脸上绽放出微笑。

"我们休息一会儿吧！"我知道 3 小时的翻山越岭对他来说确实有难度，路上遇到的那些亲子团，早就被我们远远地甩在了身后。我不知道他刚刚的表达是真的很累了，想要试探一下小姨有没有什么好办法，还是从小姨的表情中看出了没有办法，又不想让我担心而开个玩笑，化解我的为难。

"小姨，小心这边的陡崖，您可要抓紧铁索。""好的，你放心地在前面当向导吧。向导的温馨提示，让我觉得好温馨哦！"只是淡淡的一句话，说完后，一路上都被这个小男孩的暖心包围着。"小姨，这个树枝给您当登山拐杖。""小姨，下山很累，您跟不上的话我们可以慢一点儿走。""小姨，刚刚的风声好像狼叫，您害不害怕？没关系，狼来了我保护您。"……那个曾经因为不懂事一度让我们一筹莫展的小男孩，仿佛一下子长成了男子汉，一路上不仅体谅着我的辛苦，而且呵护着我的情绪。

是孩子真的不懂事吗，还是我们真的不善于沟通？当他不小心做错事的时候，我们不是用难听又严厉的话狠狠地责骂他吗？当他为了保全自己的面子捂上妈妈向姥姥告状的嘴时，我们不也肆无忌惮地揭开他的伤疤来围观吗？倘若我们能多用这样的温馨和赞美走进孩子的心灵，滋润他渴望被肯定的干涸的心灵沃土，那么孩子会变得多么懂事又乖巧啊！

当学生再表现出叛逆的时候，当学生再变得不懂事、不可爱时，请我们也静下心来想一想：是不是我们的语言被愤怒充斥，丝毫不讲究艺术？是不是我们在匆忙的行走中，早已经丢掉了鼓励和赞美的行囊？

别让完美主义
扼杀了行动力

小外甥 5 岁，正是活泼好动的年龄，喜欢自由自在地模仿《奥特曼》中各种打怪兽的绝技。为了培养他的读书习惯，晚饭后我们常常一起读一会儿绘本故事。有一天晚上，他沉浸在奥特曼的杀敌绝技中，兴致正浓，我又使出了惯用手段——表扬他："豪豪最棒啦，咱们一起去看会儿书吧！""我不棒，我不看！"他斩钉截铁地拒绝了我，留我一个人站在原地满脸愕然。我被他的话震惊了，都说童言无忌，他用最直接的方式毫无顾忌地表达自己的想法："我不像你想的那么完美，我也不在意你对我的评价，所以我断然拒绝你的要求，不去读书。"

与幼儿不同的是，初中的孩子异常敏感，特别重视别人对自己的评价，尤其避讳自己的短处，更不希望别人否定自己、直言自己"不棒"，但与此同时又因懒惰等无法做到自律，不能严格要求自己，做事缺乏行动力。《终结拖延症》将拖延分成了四种类型：一是期限性拖延，对于有最后期限的事情，总会拖到最后才不得不做。二是个人事务拖延，自己应该做的没有期限的事情，总是一拖再拖。三是简单拖延，随手就能做的小事，就是不愿意立即去做。四是复杂拖延，"自我怀疑"或"完美主义"。绝大多数学生的拖延，都来自"完美主义"。这里的"完美主义"不是说追求事务的完美，而是希望自己在他人心中是完美的。为了保持在他人心目中的完美形象而不断拖延，总是害怕全力以赴后还不能把事情做好，习惯性地把事情拖到最后才做或者干脆不做，再借口说"时间不够""没时间"。这样的学生，在九年级中大有人在，尤其是在边缘生和后进生中占了相当大的比例。为了帮助学生克服这种拖延，增强行动力，我在班级中开展了一系列活动，让学生逐渐摆脱拖延的魔咒。

活动一：我的行动我做主

站在开学初的新起点上，学生大多踌躇满志，给自己制订了新的学习计划，确立了新的学习目标。倘若这种目标不能固化下来时时激励自己，那么很多孩子会在日复一日的琐碎重复中忘记自己的初心，与目标渐行渐远。固化目标的方式有很多，物质上的目标卡是老师们最常用的方式。但目标倘若只是写下来，放在心中珍藏起来，必定也会被束之高阁，不动声色地悄悄溜走。我们需要一个契机、一种仪式感，将目标公之于众。这样，学生便会怀着敬畏之心朝着目标去努力，也会在行走的过程中接受来自全班同学的共同监督。

第一节课，我们的主要活动便是交流目标。敢于第一个在班级中大声说出目标的孩子，一定是对实现目标最迫切、最渴望的，下的决心也是最坚定的，往往能够得到大家最热烈的掌声，给同学们留下最深刻的印象，也最有可能实现目标。没有机会在全班交流的，可以在小组内部交流，团队的力量会时时提醒，帮助他们走得更坚定。交流完目标之后，教师的点评也很重要，那些优秀的学长的奋斗故事、九年级学生发愤图强在中考中成功逆袭的事例，以及班主任的自我开放、现身说法，都是绝佳的教育资源，对学生也有着持久的激励和导向作用。

把自己的目标、承诺公之于众，就是"把背包先扔过墙"，就是破釜沉舟。人人都想维护自己在别人心目中的良好形象，不想给别人留下轻诺寡信的印象，便会向着目标大踏步迈进，增强行动力，这样一来自会减少拖延。当然，这样的班会课切忌空喊口号，不能让目标在语言的磨砺中失去弹性，而要让行动力出现在孩子们睁开眼睛的每一个清晨。

活动二：我的行动我负责

铿锵有力的誓言往往会在一段时间内起到良好的效果，但经过两个月左右的时间，目标的激励作用往往会减弱，拖延的表现初露端倪。这时，给学生适当的方法指导会帮助孩子成功穿越行动力的黑洞。

　　增强行动力的方法很多，克服对失败的恐惧，奉行立即行动的哲学是最为重要的方法。教给学生清单式的自我管理，每天将任务梳理清楚，写在本子上，每项任务完成后给自己打个钩，清单一旦列出来，就会有更多的动力去执行。一段时间后回望这本清单，每项任务的完成也会给孩子带来满满的成就感。将需要完成的任务随时、随手记录下来，也能养成良好的习惯。另外，告诉孩子摒弃完美主义倾向，拖延有时是因为我们过多地关注了自己，太在乎自己的表现。只要能够把这件事完成了，好过孜孜以求地为了完美而去拖延。事实上，当我们追求完美的时候，最终的结果反倒更加不完美，只是我们给自己找到了足够的心理安慰而已。学会全力以赴地做事情，完成好过完美。最后，超前一步也是我对付拖延的方法，有些事情是每天必做的，我们常常在临界线的边缘匆忙完成，完成后又遗憾自己做得不够好。不如选择一天完成两天的工作量，那么这一次的超前，会使我们后面的每一天都无比从容。对拖延喊停也是《终结拖延症》中教给我们的有效方法，觉得自己在拖延的时候，一定要立即喊停，马上去做事情，就像禅宗的当头棒喝。一次一次地喊停，慢慢地就觉得拖延没什么意思，就会提升行动力。

活动三：我的行动你监督

帮助学生维持行动力，摆脱拖延症，在平时效果还不错，但是一到节假日，尤其是寒暑假这样的长假，学生就会懈怠下来。究其原因，主要就是缺乏监督。因为春节这一盛大的传统节日包含在寒假中，休息放松、吃喝玩乐的氛围会在不知不觉中腐蚀孩子的意志力。寒假来临前，为学生找一个监督人很有必要。

为了让学生在寒假中依然保持每天体育锻炼一小时的良好习惯，我带领学生发起了 21 天三公里线上体育打卡的活动。运动前，学生亲手制作了一张精美的邀请函，内含邀请誓词、需要监督的时间、内容、达到的程度，附上监督的细则。学生真诚地邀请对方，递上监督书，签订承诺书，并将这一过程录制成视频保存下来。孩子们两两一组结为同行人，每天将运动截图发至群中，互相监督。由于监督的细则制定完善，这样的仪式郑重有力，最终有 2/3 的学生顺利完成了挑战，并且有 6 个孩子超额完成了任务。坚持了整个寒假，整整 31 天，天天跑，孩子们养成了良好的运动习惯。寒假开学后，我们利用班会课时间进行复盘，将邀请监督人的视频拿出来欣赏，很多孩子激动得热泪盈眶。

在监督的力量下，老师只要做良好行为的助推者，剩下的学生自己便会完成，因为他们知道长久坚持下去赢得的尊重和尊严远远胜于仅仅闪亮一天的完美。

疏离"此山"，
才能回归自我

一

仲夏夜的海滨，各项艺体活动异彩纷呈：画中画广场上，"海之韵"老年萨克斯乐队正演奏着动听的《军港之夜》，演唱的阿姨投入而深情；开直播的小伙子一如既往地穿着父亲为他亲手制作的猪八戒背媳妇的道具，轻快地扭动着腰身，时不时与观众互动；健步走的整齐队伍带着震耳欲聋的音响，像一条条长龙绵延不断……最震撼的还要数那动感又声势浩大的现代舞方阵了。两百人左右的队伍在广场上排得方方正正，在第一排领舞的带动下，伴着动感激烈的舞步，整体向左、向右、向前、向后地移动着，丝毫不乱。

我仔细观察着舞池中的现代舞方队，队伍的核心是一个身材瘦削、肌肉紧实的小伙子，第一排领舞的人中竟然有个才上幼儿园的小男孩，他也跳得有模有样的，站在他旁边的应该是他的奶奶。队伍里多半是四五十岁的大妈，但年轻的大姑娘、小伙子也不在少数。仔细一看，花白头发的老爷子竟然也不少。我不由得感叹：这应该是包含年龄段最广的一个群体了。有的人动作到位、舞姿妖娆，吸引着舞池四周的观众欣赏点评；有的人仅仅是随着节拍锻炼一下身体罢了。我想，会跳的还好，可以尽情享受舞台，但那些明知自己舞姿不够优雅的人，如果让他单独跳上一段，必定要红脸的。可为什么在舞池中他们就能"挥洒"自如，全然忘了自己呢？

二

其实，这样的现象在我们的班级中同样存在。我毕业后第一次当班主任时带的是初一，班里没有学生当过班长，经过我的"面试"选拔，说话利索、做事干练、一身浩然正气的峰做了班长。不过，自习课上每每走近班级就会听到峰愤怒的喊声："别说话了，闭上嘴！"当我走到班级门口仍然可以看到有不少学生前后左右打闹着，有时候峰还在他们身边制止。明明班长很负责任，为什么这样的事情还是会反复出现呢？这让我很不理解。和峰沟通后，我也只得到了某某同学调皮不遵守纪律的答复，"处理"了班长点名的几个"刺头"，班级纪律仍然不见好转。

直到有一次，又因为纪律问题被处理的小利在情急之下道出了心中的委屈："老师，您从来就只听班长的，您根本不知道，您不在的时候，班长都是跟我们一起疯闹的，全班都乱了。班长假惺惺地喊两嗓子，就和别人一起玩闹，'闭嘴''别说话'就是他的口头禅罢了，不痛不痒的，他自己也不遵守。甚至有时候利用班长的私权，走下座位跟别的同学借东西或者打闹，而您一进教室，他就翻脸比翻书还快，装出一副很负责任的样子……"随着小利的叙述，我的脑海中浮现出了全班疯闹的场面，就和海边的广场舞一样，身在其中的每一个个体都被同化成了一类人，有着共同的行为，无法自我省察、自我评价，平时能够规范行为的也失去了自我控制。长此以往，班级纪律会是什么样子呢？后果不堪设想。如何能破除这样的局面呢？我想还应该从班长入手。

既然去个性化行为之所以产生是因为自己处于其中，"不识庐山真面目，只缘身在此山中"，将班长带出"此山"，当一回舞池周边的观众，应该就能够认清自己、回归自己了。

三

又一次自习课，我以这次会议需要班长和班主任共同参加为由，将峰带到了办公室。我给峰布置了一项观察任务：自习课开始 20 分钟后，我们一起到教室后面的窗户旁观察一下咱们班的情况，然后说说自己的感受。

峰回到办公室后满脸惆怅，说："老师，从走廊走过去别的班都静悄悄的，就咱们班那么乱，我真有点儿难为情，又很着急。""嗯，你是咱们班的一员，集体荣誉感很强，所以你很希望看到的是咱们班比其他班级优秀。"峰点点头。"作为班长，你觉得自己有责任维持纪律，所以又着急。""嗯。像小谦，她是咱们班特别文静的女生，我没想到连她也转头跟小译聊天。""嗯，你觉得小组长这时候应该负起责任来？""对。本来小译胆子应该没那么大，可她看着组长小谦丝毫不在意，她也就放松了。""组长的一言一行给其他同学传递了信息、传达了信号。""那么，峰，咱们怎么办才好呢？""老师，要不然咱们把刚才的录像调出来，给咱们班的班干部开个会吧。""好，不过我需要申请一下才能把视频拷出来，明天中午可以，到时候你主持一下，可以吗？"峰欣然同意，又不好意思地说了一句："老师，要是我在教室里，也会是这样的……"我拍了拍他的肩膀，笑着说："以后，你一定越来越会管理班级的，老师相信你。"峰不好意思地摸了摸脑袋。

第二天中午，录像刚放了 3 分钟，班干部们就低下了头。峰主动承认了自己以往的错误，并且想到了一个方法：在班干部中结对子，一到自习课上两个同学就相互监督。班干部和小组长几乎占到了班级总人数的三分之一，只要这部分同学先做好，其他同学也会慢慢转变。后来，结对子的办法又推行到了全班，班长有了班长的样子，组长有了组长的职责，他们在同学们心目中的威信也越来越高，自习课的纪律再也不让我挠头了。

四

人本主义心理学家罗洛梅认为，个人把自己消融在人群中，一切落寞感、孤独感都会烟消云散，还能由公众为我们承担个人责任，能够给人提供安全感。这种"随波逐流"的行为往往能使人产生一种消融个体意识的兴奋感，从而缓解紧张的情绪，但也可能会导致严重的破坏性后果。

当广场舞成为许多人锻炼身体、放松精神的有效方式时，在不影响他人的情况下，这种去个性化行为充分展示了出来。但当去个性化的非理性因素操纵了班级的主流倾向时，班主任则要保持清醒的头脑，用适时的疏离，帮助学生找回自己原来的样子。

不被形式捆绑，
只为成长留痕

　　春节期间家人朋友小聚，我总会不经意地成为讨论的焦点。"你们当老师的多好呀，我们初七就要开工了，你们还早吧?"总有人这样说。入职近十年，社会对教师寒暑假的羡慕和嫉妒，以或温和或讥讽的语调无数次地轰炸过我，曾经的我热衷于给对方算算时间账，告诉对方我们的假期是怎么一点点地积攒下来的，期待着大家能接受我的观点、理解教师的辛苦。现在早已没了那股执拗，只是嘿嘿一笑，欣然接受。

　　在大众的观念中，当老师的每天只需要上几节课而已，即使一天上 6 节课也不过工作 6 小时，剩下的时间都可以用来喝茶、看报、聊天。刚毕业时，我也觉得上课、批改作业、督促学生订正作业就是一个老师的天职和使命，就是工作内容的全部。可是，现实总是摆出一副冷面孔，将赤裸裸的真实呈现出来：作为一名初中语文老师兼班主任，我每天早晨 5：30 起床，6：00 乘车，6：30 准时到校，19：00 左右结束工作回家。

每天 12~13 个小时的工作时间，我以为会从从容容地备好课、上好课、订正好当天的作业。可是，陪我回家的永远都是两只袋子，一只装着班主任工作，一只装着语文课本、教参或学生作业。多少次夜深人静，整个小区的灯都熄灭了，而我依然与孤灯相伴。时间都去哪里了呢？

仔细回想一下，大概每天只有 4 节课的时间才能静下心来和学生清净地相处一会儿，即便有时难做到一门心思、心无旁骛，但起码人身是自由的，不必东奔西走、应接不暇。其他的时间总会被各种会议、培训、活动、答题、填表、检查、计划总结、配档甚至是分享公众号消息和截图填满，一不小心就会被学校通报：某某教师应急答题没有满分，某某教研组活动照片没有上交，某某老师中午开会迟到两分钟……教师总是被一些与教育教学无关的任务束缚着，想要实践自己的教育教学理念，却难以挤出时间和精力。我曾无数次感慨："偌大的校园，竟然安放不下教师平静的内心，那么我们的学生、我们的教育又如何做到不浮躁呢？"

教育是种子的事业，教师是辛勤的农夫，要在这片未开荒的田野里春耕耘、夏打理，才能迎来秋收获，要日夜守望，勤除草、忙灌溉，才能有收成。春天播下种子然后就不理不睬不再用心经营的农夫，收获时，也只能望着别人饱满的谷穗徒增羡慕。那么，如何才能做一位称职的农夫呢？既然不能改变现状，我们就唯有改变自己。雪梅读写团队的领军人杨雪梅老师在朋友圈里分享过《书择十本》中的一句话让我醍醐灌顶："可做可不做的事情必须得认真去做，非做不可的事情反而可以凑合。"想想时间管理四象限法则，对"不重要不紧急的事"给出的建议是不做，而这句话却完全相反。

什么样的事是可做可不做的呢？什么是非做不可的呢？我想，对于教师来说，各种各样事务性的工作是必须做的，如若不做，不仅会被要求补上，而且还可能耽误了教研组甚至学校的整体工作。过去的我和大多数教师一样，在这样的事情上倾注了大量的时间，把他们摆在高于一切的优先位置上。可是，这样的工作和付出是否换回了等价值的收获呢？这样的播种是否收获了沉甸甸的粮食呢？于学生成长无益，于班级成长无益，于教师个人成长更是无益。与一个因为遇到成长困惑而闷闷不乐的孩子聊聊天；践行自己学到的或创编的班级活动，增强孩子的自信心、凝聚班级的向心力；读一些专业书籍；写一写教育叙事……这些看起来都是可做可不做的事，没有人画上硬性的杠杠，通报你的完成情况，没有人规定你必须什么时间完成，可是这些却是最能触及心灵、激发成长动力的，这些才是值得一个教师退休之后品味和回忆的事。这些是否最应该浓墨重彩地留痕呢？

王维审老师说："教育是种子的事业，成功与否，尚需时间的见证。"愿我们今日所有的忙碌都能禁得起时间的淘洗，愿我们离开校园、回归田园、回首往事的那一天，仍然可以将一地散落的珍珠串成值得我们回忆的美丽项链。

明镜亦需勤拂拭，
蜡炬有泪谁来擦？

  "请问，咱们店现在有什么优惠活动吗？""这件衣服还能打个折吗？""好是好，只不过……"面对顾客的降价请求，商场服务员的第一反应通常是"您是当老师的吧"。不知什么时候开始，老师成了"较真""抠门""斤斤计较"的代名词。在大众的认知中，老师就应该是那春蚕，呕心沥血，吐尽自己最后的丝也要为学生织就一段人生的锦；老师就应该是那蜡烛，义无反顾地燃烧自己的身躯，来照亮学生的前程未来；老师就应该是田野中日夜守望的园丁，只顾埋头修剪歪斜突兀的枝杈，从不该过问明天以后。

  平凡的教师岗位上确实有无数这样默默奉献又无怨无悔的老师，他们批改作业直到深夜，生怕因为自己的疏忽遗漏了一个小小的错误，而导致学生考场失利、人生失意；他们随时随地备课，为了上好每一堂课反复琢磨，不断推翻，不断重建，希望自己能在学生大脑中那片空白地上写下终生难忘的一笔。

老师如果没有把时间和精力都投放到学生身上，连自己都觉得是一种罪过。曾听到同办公室的一位老教师感慨道："一个老师，只要想为学生做点儿什么，永远都会有做不完的事情，哪有什么上班下班的区别，白天黑夜的分别。"这样的劳动和付出不是金钱、荣誉能够衡量的。然而，在教师为社会带来精神财富的同时，社会是否应该关注一下教师的精神世界呢？据北京市教科院基础教育研究所完成的《北京市中小学实施素质教育现状的调查研究报告》显示：93%的中小学教师感到当教师越来越不容易，压力很大；近60%的教师觉得在工作中烦恼大于欢乐，70%的教师有时忍不住要发火；如果有机会，只有17%的教师愿意终生执教。不久前，中国中小学生心理健康教育课题组采用国际公认的"SCL-90心理健康量表"这一工具，由心理学专业人士对某省168所城乡中小学的2 292名教师进行检测，检测结果表明：有51.23%的教师或多或少地存在心理问题。教师的心理健康状况直接影响着孩子的心理健康水平，教师群体的现状应该引起高度的重视。佛教有句偈语："身是菩提树，心为明镜台。时时勤拂拭，勿使惹尘埃。"修行之人悟道深远，境界高超，尚且需要时时刻刻去关照自己的心灵和心境，通过不断的修行来抗拒外面的诱惑和种种邪魔，何况有着七情六欲、有一家老小的凡人老师呢？

　　社会对老师严苛的道德标准不是一朝一夕能够改变的，需要大环境的营造和充足的转变时间。习近平总书记对尊师重教氛围的倡导营造，国家对教师职业专业性的承认以及提高教师的薪资水平、福利待遇，都意在为教师争取良好的成长环境。而教师本身过高的自我要求是职业素养的体现，需经教师自我调节、自我成长才能有适当的调整。了解心理变化的规律，把准心理动态的脉搏，自我觉知心理健康水平并主动寻求帮助，是我们对自己负责、对学生负责的体现。然而，家庭教育的缺失，把孩子送到学校便万事大吉的家长心态，则在教师累累伤痕的斑驳心灵上冷漠地撒上了一层盐。

俗话说"一龙生九子，九子各不同"，班级中的几十个孩子来自几十个不同的家庭，受着家庭的熏陶，入学之前孩子们就已经被各自的父母、祖父母塑造成了形态各异的不同个体。然而，被送到学校之后，每个家长的要求和标准又变得出奇的一致：希望孩子学习成绩好、行为习惯好、性情品德好，受欢迎、不受欺负，懂得爱父母、体谅家人。管理这些孩子的老师便把孩子统一指向了这样的方向。满足每个孩子的成长需求，为每个孩子量身定制成长方案，不能操之过急，又不能止步不前。如果不能得到我们的坚强盟友——家长的支持，老师的每一步行走都会举步维艰。

父母是孩子的第一任老师，对孩子品格塑造和人格养成有不可推卸的责任和义务。学校是孩子学习知识、增长技能、培养品行的主要场所，教师有义不容辞的责任。家校双方就好像一只鸟有两翼，一个人有两臂，双翼共振、双臂同频，才能自由飞翔发挥出无穷的力量。只有家校联手，才能为孩子的成长撑起一片蔚蓝的天空。家长给教师更多的理解，也是给孩子成长提供更好的情绪氛围。

此外，教师心理问题的解决还需要学校层面给予积极关注。学校对教师实行人性化的管理，给予温情的心理关怀，关注教师的心理动向，建立心理发展曲线图和数据库，将有心理问题的教师及时筛选出来，适时给予科学指导，能有效地防范并解决教师的心理问题。

学校实施科学的管理方法，应该摒弃过去将成绩作为评判教师价值的唯一标准的错误理念，发挥教师个性化特长，提供专业的培训和更高的发展平台，将教师的潜力和优势充分发挥出来，增强教师的职业成就感和幸福感。学校应该鼓励教师结合自己的专长，开发擅长的课程，带领学生兴趣小组攻坚克难并取得成效。强烈的成就感能够解救那些找不到价值的、被压抑的灵魂，使每一个育人工程师都能做自己领域的佼佼者。

学校应该教给教师自我解压的方法，丰富教师的业余生活。清澜山学校每季度发放运动服，鼓励教师投身运动进行解压。我校成立教师瑜伽社团、登山社团、书法社团等，聘请专业老师进行指导，定期开展社团活动，及时排遣心理压力，帮助教师保持健康、阳光的心态，维持学校良好的教育生态。

相信有了社会的关注、家长的支持、学校的关怀和教师自身的调整，教师的心理健康问题能够得到关注和解决。教师的心态阳光了，教育的生态才能健康。

成长，就是
在寂寞的努力中加速沉淀

　　很多同事不止一次向我投来羡慕的目光，一个教龄 7 年的年轻教师就能成功入围威海市名班主任人选，参加全国顶尖的培训，接受全国先进的教育理念；在职称评定标准严苛的情况下，毕业 7 年就能成功晋升中级；毕业 6 年，就能在许多前辈多次冲击尚且败下阵来的区级"教坛新星"评选中站稳脚跟；毕业 5 年就能顺利通过区级考核，成为后备干部人选。这些光环和荣誉是部分教师终其职业生涯都未能企及一二的高度，于这一点而言，我确实是成功的。

　　"若不是领导赏识、贵人相助，怎么可能这么顺利……"面对大家的质疑，我不能否认，在我的成长道路上，确实有贵人给予我点化，为我指点迷津。但是，"成功的花儿，人们只惊羡它现时的美丽。然而，当初它的芽儿浸透了奋斗的泪水，洒遍了牺牲的血雨"。倘若没有我披星戴月的坚持和无比寂寞的付出，成长又从何谈起？

在勤奋积累中积土成山

我想，并不是机会来了一下子跳得最高的那个人成长得最快，而是踏踏实实地工作，实践后积极反思沉淀，一点点垫起成长高度的人才能抓住成功的机会。

刚毕业两个月，我就报名参加了心理咨询师的学习，不是科班出身，只有一腔热爱。我原以为兴趣这最好的老师能教会我所有的知识，可是面对着一个个未曾谋面的高深的专业名词，我是那么的无能为力。为了能理解到位，在周末节假日，我不断地查阅资料、泡图书馆、做笔记，直到啃下来为止。当别人尽情享受着假日时，我伴着青灯苦读，又在伸手不见五指的黎明起床，一字一字，一页一页，像一只春蚕趴在大大的桑叶上，面对一望无际的知识海洋，费力咀嚼，蕴蓄消化。当别的老师上完课喝茶聊天时，我抓紧每一分每一秒批改学生的作业和小测，在两节课中间的空闲，拎着重重的教材把自己关进学校图书馆无人问津的小屋，铅笔、直尺，圈点勾画。做题备考阶段，我又跑到教学楼后大声背诵那些错过的重点知识，自己给自己掐算时间，20分钟4道题，背完后跑步回到教学楼。"哪有什么天才，我只不过是把别人喝咖啡的时间用在工作上。"鲁迅先生如是说。是的，哪有什么一次性通过考试，三年后又向二级进发的幸运，只有超乎常人的勤奋。

得知我对心理学的兴趣，学校领导便把我的这点"优势"充分利用起来。"这个月心理咨询室的访谈记录你来整理一下吧。"既然接受了，就要做到最好。我细细地读着，誊写着，就好像自己也接受了心理咨询老师的指导，和学生一起获得了精神的成长。"下周五你给初一学生上一节心理健康课吧。我知道你刚毕业，也不是学心理学的，没上过。这里有一份我给初四学生上心理解压课的教学设计，你可以参考一下。"爱面子的我不想在这么多学生和老师面前丢脸，只能硬着头皮从头学起，一个环节一个环节地设计，写好过渡语，背下引导词。"我计划出一套心理健康教材，你还没成家，得担起主力……"毕业第一年，我就在语文老师的工作之余做了一个心理老师的全部工作，而且对每一项工作都努力做到极致。

2019 年初接到了"四名工程"人选的通知，按照评选方案，我从学校 200 多名教师中脱颖而出，又从大咖云集的区级选手中答辩胜出，经过市级的考核、答辩，一步步走到最后。威海市第三期名班主任培养人选第一次聚首是在 2019 年 10 月的烟台，时为山东省教育学会班主任发展专业委员会培训的前一晚。看着在场的另外 25 位老师，听着他们讲述自己的成长故事，我就像进了大观园的刘姥姥，业内高手一下子在我眼前云集，让我无比兴奋。我们的成长导师杨老师 5 年发表了 400 多篇文章，让人惊叹。有的老师专职从事德育管理和班主任培训工作的时间就是我教龄的好几倍。能与这样优秀的团队同行，兴奋之余，我无比惶恐，除了比别人多努力一点儿，我别无选择。

在尝试反思中精进业务

入职以来，大大小小的培训我参加过无数场。《班主任》杂志社举行的培训不仅名家云集，而且针对性强，可操作性、可借鉴性强，对于一线班主任来说非常有用。但是由于培训活动常常要占用周末两天休息时间，所以很多人不愿意参加，而我却将同样的培训听过不止一次，并且每一场都做了详细的笔记，尤其是那些可以直接应用或者创造性运用于班级管理的活动、方法，我都用特殊的颜色和符号进行了标注。GLP 优秀父母成长沙龙为期两个月，每周末举行。即使尚未成家，我也积极参加，看到父母在孩子成长中无意造成的伤害，我学习、思考着补救的措施，我们乡镇中学的家长尚未形成这样的意识，但是老师的补救可以帮助孩子更好地成长。在暑期的远程研修中，我选择了一些与班主任、心理健康相关的主题，静心学习。

我迫不及待地在班级中尝试学到的新鲜活动。"生日排序"四个组都非常顺利地完成了，是不是可以提高一下难度，将原来的生日日期排序改成年龄由小到大排序？在总结阶段，孩子们总是将目光聚焦于方法，那么，团队领导核心的作用如何才能引起学生的注意？打乱小组成员，使小组"群龙无首"，是不是可以催生出新的领导核心？"小鱼银行"活动，让孩子们学会了欣赏和赞美别人的长处、养成慎独的道德品质，班主任和任课教师的加入是否既能提振学生的参与热情，又能增进师生关系，让活动保持持久的新鲜度？迟希新老师的教育故事感人至深，成长是家校合力的结果，是不是在家长会或者家长群中分享一下这些让人深受启发的教育故事？我将这些活动一边实施，一边调整，在尝试和反思中进行优化，形成了丰富珍贵的班本课程资源，让我的班级管理更加得心应手。正是这些尝试和反思开启了我的班级管理智慧，帮助我将班级带得风生水起。当班主任第一年，我的班级就荣获了威海市优秀少先中队荣誉称号。学生品格的培养是第一位的，君子慎独，班级学生拾金不昧，失主送来锦旗和感谢信，让我的班级受到了社会的认可和表彰。

记得有位名师说过："班主任的幸福在于有一块属于自己的试验田，可以尽情地播种。"班主任之路，一路尝试，一路反思，一路收获。

在读书写作中感悟成长

2019 年，我有幸认识了杨雪梅老师。得知了她的教育故事后，我由衷地敬佩，一名特教老师，用读书和写作绽开了属于自己的成长之花，所带的"雪梅读写团队"更是成长迅速，在一年多的时间里培养了数名骨干班主任，不仅在威海市产生了影响力，更在全国知名的报社、杂志社中大放异彩。只不过杨老师的"入团"标准很高，必须跟上团队每月一本教育专著、每周一篇教育论文的节奏才能参加。回想每天天不亮就精力充沛地摸黑奔赴学校，每天傍晚拖着疲惫的身体回家，我望而却步。然而，召唤成长的声音一次又一次响起，读了杨老师的个人专著《点亮教育的心灯》，我醍醐灌顶，增加了成长的勇气。杨老师说："要为自己的成长结一个'茧'。在你还没有实力高飞的时候，沉下心来，静静地为自己结一个'茧'，在茧中一点点磨砺、修炼……"杨老师还说："谁的成长少得了沙石的磨砺、汗水的浇灌、心血的流淌呢？别人嬉戏放松的时刻，我不辞劳苦地奔波在学习路上；别人酣畅入梦的时分，我与青灯相伴苦读。"是啊，成长没有捷径，我亦非金石，不一步一步地蹚河过海，我还能做些什么呢？

与雪梅读写团队共同行走的最初半年，我每天都会为周末的教育论文而焦虑，为没时间读书而困惑。现在，我已经习惯将每一个班级故事、每一刻顿悟的瞬间，以及脑海中浮现的想法及时记录下来，在每个夜深人静的晚上构思琢磨。我已经习惯将专业书籍随身携带，利用碎片时间潜心阅读。雪梅读写团队积极向上的成长氛围感染着我，也让我有了勇气接受雪梅老师寒假期间每天一个主题的读写挑战。与团队一同行走，一路收获，让我活成了学生的榜样。短短半年，我的作品就得到了《班主任》《班主任之友》《德育报》《新班主任》等报刊的青睐，奖状和荣誉纷至沓来。一路成长，我丰盈了自己。在文字的打磨中磨炼心性，在反思和顿悟中探索更加科学的教育方法，通透了荒芜干涸的教育人生。感恩与雪梅读写团队的遇见，启程了，就为时未晚。

叶澜教授说：一个教师如果仅仅满足于获得经验，那么即使有 20 年的教学经验，也许只是将一年的工作重复 20 次。所以，并不是只有漫长的教龄才能孕育成长之花，在平凡的努力中拓展时间的宽度，善于从经验反思中吸取教益，于阅读写作中寻找新的生长点，这些都能让我们加速沉淀，绽放出属于自己的成长之花。

回首十年，
走过成长的三重境界

王国维在《人间词话》中曾精辟地将人做学问做事业的经历概括为三重境界："昨夜西风凋碧树。独上高楼，望尽天涯路。""衣带渐宽终不悔，为伊消得人憔悴。""众里寻他千百度。蓦然回首，那人却在，灯火阑珊处。"回首走过的十年班主任之路，重温那段风雨路，似乎与这三重境界不谋而合。

第一境：昨夜西风凋碧树，独上高楼，望尽天涯路

第一重境界充满了对人生的迷惘，在这一阶段中人孤独而不知前路几何。

刚刚踏上班主任工作岗位的我，激情满怀，热血沸腾，迫切希望在班主任工作中崭露头角，所以攥紧拳头，铆足力气，重拳出击，遗憾的是有时打偏，结果适得其反，而有时竟不知道该往哪里打。班里有 40 多个孩子，我站在讲台上一眼望下去都会头晕目眩，丝毫抓不住重点。学校的专业培训、成长

机会少之又少，资深班主任凭借着丰富的经验和智慧，把空余时间用来聊聊家长里短、明星八卦，所以办公室中，除了对学生的呵斥和严厉批评之外，最多的就是你一句我一句的无聊闲扯。看到我像热锅上的蚂蚁团团转的时候，不时会有讥笑嘲讽声响起。浓厚的教研气氛只是遥不可及的海市蜃楼。听完了新教师的亮相课，资深教师对新教师的课堂指点江山，提出了诸多不足，我苦苦地追问着，想要共同探讨解决的方案，可是大家有事匆匆散去，我成了一个非要打破砂锅问到底的另类。处在这样的环境，是该"入乡随俗"还是该继续追求？是该像前辈一样"压实""看紧"，还是该探索一条新路？新手班主任焦虑又无助，盲目地摸索着，迫切地渴望着成长的雨露来滋润干涸的心田。

第二境：衣带渐宽终不悔，为伊消得人憔悴

成长的渴望牵引着我利用有限的资源突破现实的重围。有了成长的目标，我便义无反顾地追逐着，风雨兼程，无怨无悔。

废弃的图书馆空空荡荡，残留着一股书籍和墙壁霉变的气味，我找总务主任申请了一张旧书桌和一把学生椅，并费尽力气搬进去。这间屋子光线昏暗、阴冷彻骨，甚至因为年久失修被当成了危房待拆，却因为鲜有人来打扰，便成了我精神的桃

花源。在书页的翻动中，在笔尖沙沙的摩擦声中，在日复一日的坚守中，我的成长困惑得到了解答，一个个业内精英的形象在我面前变得高大而鲜活，一个个前沿理念走进我的头脑，一场场理论的盛宴让我的精神世界得到了空前的满足……这间屋子里溢满了我成长的喜悦。后来，这样的世外桃源也没有了，我便在教室后门的角落里自设了一张班主任办公桌。与孩子们一起读书、背诵识记，这成了我最大的乐趣，而学生也在我的努力的影响和感召下变得更加努力和懂事。

我尝试着用书中的理论和经验解决家校沟通中的难题，处理学生之间的矛盾，虽然这一路走得磕磕绊绊、跌跌撞撞，但是家长的理解和支持、孩子的成长和笑容，都是我"衣带渐宽终不悔"的不竭动力。虽然困惑犹在，迷惘亦有，但坚定的脚步未曾停下过。

第三境：众里寻他千百度，蓦然回首，那人却在，灯火阑珊处

不知不觉中，教育之路已经走过了十个年头。不知何时起，我也成为身边那些年轻教师成长路上的明灯，得到了领导的认可，荣获了师德标兵的荣誉称号，获得了威海市名班主任的称号，成为一颗璀璨的"教坛新星"……成长的路走过了寒冬暖春，历尽了夏日炎炎，我终于迎来了属于自己的收获季。

我想，每一页书的滋养，每一场专家讲座的培育，每一个鲜活的榜样引领，都成为我成长路上最好的注脚。

王国维的第三重境界使我坚信，立志追逐者在足够的积累后，一定能由量变走向质变。不经意间，我已经收获满满。

回首成长的十年，我庆幸那些"独上高楼"的日子里没有放弃，感恩满面"憔悴"的时间没有虚度，一切成绩皆为过往，放下过去的光环和行囊，轻装上阵，才能再度出发！

感恩那一次遇见

在我的书架上，有一本特别的"书"。它没有精美的装帧，没有专业的排版，也没有正规的书号，可它却是我心头的至宝。

这是我与雪梅读写团队共同读写行走的一年间，采撷起行走道路上的每一个脚印，装入行囊，汇聚成的"宝书"。行走的过程是艰难的：每周一篇教育随笔，每月一本共读书籍，工作繁忙时无暇读写的焦虑曾无数次充斥在夜晚的浅梦中；寒暑假每天一篇研写文章的挑战更是让我饮尽了寒冬的雪光，看遍了三更的灯火，听惯了五更的鸡鸣。但是比走下去更让人痛苦的是不知往何处走的迷惘，我感恩与雪梅读写团队的遇见，这让我找到了前行的方向。

搀扶提携，感受家的温暖

雪梅读写团队的"元老"大多是荣成地区的老师，作为一个"外来户"，又是写作上的"小菜鸟"，进入了"雪梅读写团队"微信群的我就像进了大观园的刘姥姥，多少会有那么一点儿不自在。

2020 年的 11 月，威海市教育局组织骨干班主任到深圳学习，杨老师带领荣成老师的队伍，读写团队的几位"大咖"级别的老师也在队伍中。学习日程被安排得满满的，中午休息时，杨老师召集团队成员围坐一团，牺牲了宝贵的休息时间，就我的一篇作业《曲径亦能通幽处——承包任务以代偿，我们班的创意惩罚》展开了研讨。这是我与团队的第一次线下会面，雪梅老师特意邀请大家指导我的文章，感动和感激让我心潮澎湃。

团队的老师们给我提出了中肯的建议。车老师说："前情交代笔墨过多，创意惩罚部分草草而过没有展开。故事的叙述过程如果多一点儿波澜起伏，会更有可读性。"张健老师说："开头写到了奖励和惩罚，不够聚焦。"晓菲老师不仅为我亲笔改了几个句子，还给我提出了建议：随身带着一个小本子，把不期而至的灵感和工作中那些可以入文的事件简单记录下来，有时间便加工整理成文。大家发表意见后，杨老师又亲自作了指导，她肯定了我对教育现象的留心观察和积极思考，又教我如何把文章的题目写得新颖、更具概括性，如何在内容的选择上突出主题，如何在结尾处紧扣主题……我的写作思路在大家的指导下渐渐清晰。经过修改，这篇文章得以在《威海教育》上发表。收到样刊的我激动不已，但更让我铭记在心的是雪梅读写团队对我的接纳和帮助。只要有努力上进的决心和行动，无论起点如何，团队都会帮助你变得更好，这样的不离不弃，不是家人却胜似家人。

是鼓励，亦是鞭策

与团队共同行走的半年里，我的作品得到了《德育报》《班主任之友》《新班主任》等报刊的青睐，这使我有了坚持下去的动力。

2021年寒假，我第一次跟随团队进行读写挑战，杨老师每天在公众号上发布一个话题，我们根据话题要求撰文。从前，寒假中的我常常被新年的喜气感染，每天除了吃吃喝喝就是昼夜颠倒地刷手机，而这个寒假，大年三十的晚上，甚至是大年初一的早晨，我满脑子都在想着挑战文章的素材和构思，过了人生中最为充实的一个寒假。虽然也有想要偷一会儿懒的念头，但是一想到第二天就要公布挑战者名单，杨老师和团队中那些已经很优秀的伙伴们都在努力，我又怎敢懈怠呢？打起精神，拿起笔来，继续写下去。

2021年3月13日，杨老师的QQ空间里发布了一篇文章——《碰撞之后，沉沦还是激活》，打开一看，杨老师写的竟然是我和雪梅读写团队的故事。我像是得到了幸运女神的眷顾般，全身都震悚起来，带着一颗狂跳的心，循着杨老师的笔迹，回望着，思考着。"只要一个人状态到位了，哪怕眼下成长的筐篮里还空空荡荡，但丰盈的收获却是指日可待的。"这是杨老师对我的肯定和鼓励。"如果王老师没有当初申报教育名家工作室的失利，没有过那一次被打击碰撞的遭遇，顺风顺水入围的她是否还能有如今时今日般的拼劲和韧劲呢？"我也在问自己。思索良久，我想，也许与雪梅读写团队的相遇是命中注定的幸运吧。

杨老师常常被誉为"成长的奇迹"，开始成长的两年半时间里，她就发表了200多篇文章，做了杂志封面人物、特约记者、专栏策划以及多场专题讲座，还出版了个人专著。其实，杨老师一个人可以飞得很高，但她偏偏选择了在轻盈的翅膀上加上一副沉重的担子——带着我们这些名不见经传的老师一起前行。她总是说自己是在"和一群有追求的老师抱团行走"，但我依然觉得，能够搭乘杨老师这只领头雁开辟的气流自如地飞翔，我们都是幸运儿。好好珍惜这份难得的幸运，跟上雁群的节奏，这样的信念一直鞭策着我。

与团队行走的这一年多，我在文字的打磨中磨炼心性，在反思和顿悟中探索科学的教育方法。我相信，我的"宝书"还会逐渐丰厚，我会用不懈的努力为自己的教育生命涂上亮丽的色彩。感恩与杨老师的遇见，感恩与雪梅读写团队的遇见。

支教，
打开教育的另一扇窗

　　支教，坦言之，我并没有这样的人生经历。一直在乡镇中学任教的我有幸接触了多位支教和轮岗教师，他们为我打开了教育的另一扇窗。

打开教研之窗，感受教科研的魅力

　　工作以后，我一直在老教师的熏陶下早出晚归，兢兢业业地在三尺讲台上耕耘。我视前辈传授的经验为"法宝"：大量的时间投入和"压实了、看牢了"的管理方法，能保证学生考出好成绩。我一直重复前辈们的做法，从未想过那些先进的教育理念与我有什么关系，直到学校来了一位特岗教师。

　　听学校其他老师说，来的这位林主任很厉害，在区直学校分管教科研工作，业务能力很强。

　　有一天，林主任在备课组群中发出倡议："近一个月的工作中，我发现学生的写作能力不强是因为没有掌握科学的写作方法。我设计了一个观察、评价量表，帮助学生提升写作能力。有没有感兴趣的老师，我们一起研究？"说罢，林主任便将几个手绘的量表草图拍照发在群中。在林主任的引导之下，初二语文备课组走上了作文教研之路。不久后，我们便成功申报并立项了区级课题——"初中语文作文有效教学的策略及模式创新研究"。在课题主持人的指导下，每次学生写作文之前我们都按照量表进行写作指导；作文批改完成后，分项进行观测、评价，找出学生作文的薄弱点，再上作文讲评课，指导学生进行修改。

我们还利用周末和节假日，带领学生走进学校花园观察凌霄花，走进张村大集拍摄鲜活的人物素材……在实践中，学生的观察能力、体悟能力都得到了显著的提升，作文水平在不知不觉中提高了。一年后，在环翠区举行的核心素养抽测中，全区的第一名就在我们年级。这是我工作以来，学校首次取得这样的成绩，一时间轰动全区。

我曾经以为，不会写作是因学生的写作基础薄弱、眼界有局限。我也曾试图通过背诵范文、仿写等手段，帮助学生在短时间内提高作文分数，却不知这种不研究、不指导的写作教学对学生的"毒害"有多深。感谢支教，打开了一名乡村教师的教研之窗。

打开磨课之窗，体验深度备课的力量

每次参加区里的讲课比赛，乡镇学校的老师总是带着一股心酸和委屈：不管我们怎么努力，获奖的似乎总是市里学校的教师，我们永远都是陪衬的绿叶而已。讲课比赛的佳绩和证书对我们乡镇学校的教师来说，仿佛是永远难以触及的天花板。

学校为了打造特色校园，邀请了国内知名专家进校诊断，语数外三大主科分别准备了几堂课，如实反映我们的课堂现状。这是校内公开课，没有证书，没有评价。语文公开课的任务落到了我头上。当我被试讲的疑惑困扰着难以突围时，同事安慰我："没关系，这个课又没有奖，讲成这样已经很不错了，不必给自己那么大压力。"可是，为什么学生在课堂上的反应不佳呢？是不是课堂环节的设计不合理，影响了学生的表现？正当我困顿无助时，支教的林主任给了我点拨："这篇课文你读了几遍？你是如何理解文中的老王的？你自己想明白了吗？"是呀，我自己都没领悟透，又如何期待学生在课堂上有精彩的表现呢？

回到家后，我抛开了查阅的大量资料，沉浸到课文中，一遍遍重读课文，深挖下去，最终设计出了一堂课。没有所谓的"彩排"和"安排"，学生展现出了真实动人的一面，我的课上得顺心，学生学得起劲，这堂课得到了专家和同事的一致认可。

经过了近十堂公开课的磨炼之后，再踏上优质课、教坛新星的讲台，我便多了一份底气，我也懂得了：教师只有读透文本，深挖教材，才能带领学生充分领略文字的魅力。原来，教师在深度备课上的差距才是我和市里学校教师的差别所在。要想踏踏实实做个语文人，必须扎扎实实深度备课。

时光荏苒，一晃5年过去了，林主任的支教生活也接近了尾声。也许是她对乡村孩子的惦记和对乡镇教师的关怀，她在可以重新选择时，义无反顾地选择了继续扎根农村，继续做城乡交流的一泓清泉活水。消息传来，整个学校欢欣鼓舞。

如果没有支教，现在的我或许还是那个蒙着眼睛赶路的人；如果没有支教，现在的我可能会是一个牢骚满腹、怨声载道的人。感谢支教，为我打开了教育生涯的另一扇窗。